# Andree Köthe & Yves Ollech

Süddeutsche Zeitung Edition　　　　　Bibliothek der Köche

# Andree Köthe & Yves Ollech

Text: Ingo Swoboda
Fotografie: Bernd Grundmann

Süddeutsche Zeitung Edition          Bibliothek der Köche

Sylt

Rostock-Warnemünde

Hamburg

○ Osnabrück

○ Hameln

Leipzig ○

Köln ○○ Bergisch Gladbach

Frankfurt am Main

Stromberg ○     ○ Mainz

Bayreuth

○ Naurath/Wald

● Nürnberg

○ Zweibrücken

○ Herxheim

○ Stuttgart

○ München

Tegernsee ○

# NÜRNBERG

**Berlin**

## DIE BIBLIOTHEK DER KÖCHE

# INHALT

# INHALT

# INHALT

# INHALT

*Der Weinstadel zählt zu den schönsten Gebäuden Nürnbergs. An der Stirnseite zur Pegnitz befinden sich Holzgalerien mit Wasserspeiern, zum Henkersteg hin eine Brücke mit Wehrgang*

*Die markante Nürnberger Burg,
bestehend aus Kaiserburg und
Burggrafenburg, ist das weithin
sichtbare Wahrzeichen der Stadt*

# Ideen-schmiede mit der richtigen Würze

Das schmale, mehrstöckige Haus mit den Butzenscheiben in den Fenstern wirkt wie eines der vielen historischen Gebäude der Nürnberger Altstadt. Ein architektonisches Zeugnis aus längst vergangenen Tagen, etwas versteckt am Weinmarkt gelegen, aber mittendrin im historischen Zentrum der alten Reichsstadt. „Essigbrätlein" prangt in großen Lettern an der Hauswand, der scheinbar unzweifelhafte Hinweis auf fränkische Gastlichkeit. Doch hinter der Fassade des alten Gemäuers, in der holzgetäfelten Gaststube mit den weißen eingedeckten Tischen, die den Begriff „Gemütlichkeit" auf den ersten Blick verständlich macht, verbirgt sich ein außergewöhnliches Restaurant. Das „Essigbrätlein" ist zwar eines der ältesten Gasthäuser Nürnbergs, aber längst keine starre Institution fränkischer Beharrlichkeit. Das kleine Restaurant ist nur der Rahmen einer innovativen und bewegungsvollen Küche, ein gastliches und freundliches Haus mit einem jungen Team voller Dynamik, eingebettet in ein bodenständiges Ambiente, das mit seinem unprätentiösen Stil Sicherheit und Geborgenheit ausstrahlt. Das „Essigbrätlein" kann be-

wusst auf die plakativen und gerade angesagten Accessoires der Moderne verzichten, ohne auch nur eine Spur unmodern zu sein. Denn das Restaurant ist eine kulinarische Ideenschmiede, in der sich eine beschwingte, mit Kräutern und Gewürzen verfeinerte Küche jenseits ausgetretener Pfade und frei von Konventionen mit handwerklicher Professionalität, Können und vor allem mit Mut zum Geschmack verbindet. Hinter dem erfolgreichen Koch-Konzept stehen zwei außergewöhnliche Köche, die sich in ihrer Unterschiedlichkeit ergänzen und gemeinsam das Nürnberger Restaurant zu einer der besten und sicher interessantesten kulinarischen Adressen Deutschlands gemacht haben.

## Spannung in der Küche

Andree Köthe ist der Patron des „Essigbrätlein", ein ruhiger und besonnener Koch mit philosophischen Zügen, einer, der über seinen weiteren Weg nachdenkt, Dinge in Frage stellt und auf der Suche nach Veränderungen ist, ohne dabei auf Effekthascherei zu setzen. Köthe liebt seinen Beruf, die herausfordernde Lust, im Kochen etwas Ungewöhnliches entstehen zu lassen. Mit neuen, manchmal auch gewagten Kompositionen Neugier und Spannung zu erzeugen, ist der Antrieb seiner Arbeit. Gewürzküche heißt das Zauberwort, doch Köthe sieht in dem Begriff weniger einen vermeintlichen mystischen Hintergrund, als vielmehr die Möglichkeit, Produkte durch akzentuierte Würze in ein facettenreiches Zusammenspiel der Aromen zu verwandeln. Es geht ihm dabei immer um den profunden und konzentrierten Geschmack, um die Entdeckung neuer Eindrücke am Gaumen, die in der aromatischen Verwandtschaft von Produkten verborgen liegen und die jenseits von Gewohnheiten und Vertrautem herausfordern und durchaus polarisieren können. Köthes Kreationen schlagen den Bogen über Farben, Aromen, Konsistenzen und Reifegrade, sorgen für Erstaunen und Überraschung und werfen Fragen auf: Reh mit Blumenkohl und Preiselbeerravioli, Langustinos mit Orangenöl, gebratene Gänsestopfleber mit Johannisbeervinaigrette oder einfach Rote Bete mit Kümmelkaramell. Die Wertigkeit der Gerichte definiert Andree Köthe nicht nach dem Preis, sondern nach dem Geschmack, seine Küche findet zurück zu einem gewollten kulinarischen Purismus, der die erstaunlich vielfältigen Möglichkeiten von Gewürzen und Kräutern geschickt nutzt, um bemerkenswerte Akzente zu setzen und ein vermeintlich einfaches Produkt wie Gemüse aus der profanen Beilagenfunktion zu befreien und zum Zentrum des Geschmacks zu machen.

## Andree Köthe

Kochen ist für Andree Köthe ein vertrautes Handwerk, aufgewachsen im nordhessischen Witzenhausen, erlebt er von Kindesbeinen an Gastronomie im elterlichen Restaurant. Um sein Taschengeld aufzubessern, wird die Spülmaschine sein erster Arbeitsplatz in der Küche. Der gerade Weg in die Welt am Herd ist vorgezeichnet, nach der Schule beginnt Andree Köthe seine Kochlehre im Burghotel Hardenberg in Nörten-Hardenberg, gut eine Autostunde von Hannover entfernt. Sein Lehrmeister ist Helmut Ammann, ein gestandener Koch mit langjähriger Erfahrung und damals einer der bekanntesten Meister seines Faches, der es seinem Lehrling nicht immer leicht macht. Die Strenge, mit der Ammann die Re-

gie in der klassisch ausgerichteten Küche führt, lässt den jungen Köthe zweifeln, schärft aber gleichzeitig sein Gefühl für Teamgeist am Herd, um Herausforderungen und Belastungen kollegial zu lösen. Andree Köthe beißt sich durch und erkennt, dass Geschmack vor Kreativität kommen muss, dass ein Grundprodukt immer nur so gut ist wie der Geschmack, der aus der Zubereitung resultiert. Den Anspruch, einen möglichst breiten Geschmack zu treffen und damit in eine kulinarische Allgemeingültigkeit abzurutschen, hat Köthe nie angestrebt. Ausgerüstet mit einem soliden Fundament des Kochhandwerks, geht Köthe nach der Lehre zurück nach Witzenhausen ins Restaurant seiner Eltern. Zwei Jahre steht er dort am Herd und kocht eine bodenständig klassische Küche, verfeinert mit Anregungen aus der „Nouvelle Cuisine", die viele gewohnte Zubereitungsarten von ihrer Schwere und Trägheit befreit und neue

Geschmacksmomente zulässt. Doch seine berufliche Zukunft sieht Andree Köthe nicht in Witzenhausen, auch Engagements an fremden Herden scheinen für ihn nicht interessant zu sein. Ein kurzes Gastspiel bei Jörg Müller auf Sylt bringt ihm zwar interessante Einblicke in die Gourmet-Küche, aber Köthe lockt die Selbständigkeit, die Chance, aus Ideen Gerichte zu entwickeln, auszuprobieren und umzusetzen, mit sehr individuellen Vorstellungen vom Kochen auf Entdeckungstour zu gehen und das auf Tellern zu realisieren, was in seinem Kopf an möglichen Geschmacksbildern entsteht. Köthe möchte seiner Vorstellungskraft freien Lauf lassen und dazu bedarf es einer Freiheit am Herd, die er nur in der Selbständigkeit finden kann. Über eine Annonce erfährt er vom „Essigbrätlein", macht sich auf den Weg nach Nürnberg und schlägt ein. Im August 1989 geht das „Essigbrätlein" unter der Regie von Andree Köthe

# A N D R E E   K Ö T H E   &   Y V E S   O L L E C H

an den Start. Doch die anfängliche Resonanz ist bescheiden, erst nach einem Bericht im Gourmet-Magazin „Der Feinschmecker" häufen sich die Reservierungen und das „Essigbrätlein" avanciert nach und nach zum Nürnberger Geheimtipp. Das Wagnis Selbständigkeit bekommt langsam sicheren Boden, gemeinsam mit Manuela Haarbusch als Serviceleiterin gelingt es Andree Köthe, sein Publikum zu finden. Mit Phantasie und Leidenschaft kocht Köthe sein Repertoire, wagt neue Gerichte zwischen Bodenständigkeit und Moderne, setzt auch mal auf einen Aha-Effekt und beginnt zunehmend, seine Gerichte mit Gewürzen nicht nur zu verfeinern, sondern zu charakterisieren. „Extremphase" nennt er im Rückblick diese Zeit, eine Suche nach Orientierung und Neuausrichtung in einer Restaurant-Welt, die Gefahr läuft, mit vermeintlichen Luxusprodukten in der Gleichförmigkeit des Angebotes zu erstarren. Im „Essigbrätlein" kommt jeder Abend einer Premiere gleich, die Entwicklung des Küchenstils vollzieht sich auf den Tellern der Gäste, immer authentisch, aber auch zum Nachdenken und Philosophieren, ganz nach dem Geschmack von Andree Köthe.

*Frisch aus der Pfanne kommen die Kreationen von Köthe und Ollech*

## Yves Ollech

Im Januar 1997 beginnt Yves Ollech seine Arbeit im „Essigbrätlein" zunächst als Entremetier, bereits Ende des Jahres ist er Küchenchef und Andree Köthe erkennt in ihm den kongenialen Partner, der für seine Kochideen offen ist und sie mit eigenen Ideen nicht nur inspirieren, sondern auch ergänzen kann. Yves Ollech stammt aus Wernigerode im Harz, beide Eltern arbeiteten in der Gastronomie, seine Schwester ist Konditormeisterin, doch Ollechs Weg an den Herd eines Spitzenre-

staurants ist deswegen keineswegs vorgezeichnet. Erst die Wende im November 1989 bringt auch die Wende im Berufsleben von Yves Ollech, der gerade sein Abitur und den Abschluss als Facharbeiter für Datenverarbeitungstechnik erfolgreich abgeschlossen hat, aber mit dieser Berufsperspektive nicht glücklich ist. Überrascht vom schnellen Zusammenbruch der DDR nutzt Yves Ollech die sich jetzt bietenden Chancen der neuen Freiheit und bewirbt sich auf die Anzeige eines schwäbischen Traditionsbetriebs, der Kochlehrlinge sucht. Zusammen mit seinem Vater geht es im Wartburg zum Vorstellungsgespräch nach Magdeburg und wenige Wochen später beginnt Yves Ollech seine Lehre im Hotel und Restaurant „Adler" in Asperg, unweit von Ludwigsburg. Hier erwartet Ollech eine völlig neue Welt, die Küche des renommierten Familienunternehmens ermöglicht ihm einen Einblick in die Produktvielfalt, die den Bogen von regional bis international schlägt. Aber er findet in Asperg auch Vertrautes, fast alle Lehrlinge kommen aus der ehemaligen DDR. Die Stimmung ist gut und

# A N D R E E   K Ö T H E   &   Y V E S   O L L E C H

Yves Ollech ist bereit, einen neuen Weg zu gehen. Er durchläuft im „Adler" alle Kochstationen, bekommt Verantwortung zugeteilt und entdeckt die Möglichkeiten zur Kreativität, die zwischen Disziplin am Herd und zeitlichem Druck beim Anrichten möglich sind. Ollech erkennt die Individualität des Kochs inmitten eines funktionierenden Teams, den eigenen Stil, der sich aus Können, Erfahrung und Präferenzen zusammensetzt und immer auch eine Portion Phantasie zulässt. Nach der Lehre und absolvierter Bundeswehrzeit – natürlich als Koch – bewirbt sich Yves Ollech in den „Schweizer Stuben" in Wertheim, der Kaderschmiede einer ganzen Kochgeneration. Patron Fritz Schilling übernimmt den Jungkoch in seine Restaurant-Brigade und Ollech lernt an der Seite des souveränen Küchenchefs die Feinheiten der Haute Cuisine kennen. Aufwendiger Perfektionismus ohne Scheuklappen, kultivierte Disziplin in der Arbeit und absolute Qualität in allen Bereichen sind die Maximen, die Yves Ollech beeindrucken, seine handwerklichen Fähigkeiten verfeinern, sein Produktverständnis schärfen und seine Lust am Kochen beflügeln. Die „Schweizer Stuben" werden für Yves Ollech zu einer unverzichtbaren Erfahrung und zur nachhaltigen Inspiration für seinen Stil. Als er 1997 seine Arbeit im „Essigbrätlein" antritt, bringt er nicht nur sein Können als Koch mit ein, sondern auch die Motivation, mit Konventionen zu brechen und bis dato gewohnte geschmackliche Grenzen zu überschreiten. Das Wissen, dass Geschmack nicht zufällig entsteht, aber oft in Gewohnheiten gefangen ist und mit Mut als Basis der Veränderung neu entdeckt werden kann, deckt sich idealerweise mit den kulinarischen Ideen und der Experimentier-

freudigkeit von Andree Köthe. Die beiden Köche finden in ihren Geschmacksvorstellungen schnell zueinander, aus dem kollegialen Miteinander in der Küche entwickeln sich nach und nach neue Kreationen, die ihre Individualität geschmacklich verbindet. Immer mehr spielen Gewürze und Kräuter eine entscheidende Rolle, Gemüse rücken in den Vordergrund und übernehmen eine prominente Rolle in der geschmacklichen Ausrichtung der Gerichte. Die Zubereitungen beschränken sich dabei längst nicht auf das klassische Geschmacksbild. Ollech versteht es perfekt, mit Fingerspitzengefühl die Geschmacksintensität puristisch anzurichten, kein Widerspruch, sondern eine sensible Gratwanderung zwischen Banalität und hoher Kochkunst. Die Arrangements aus Fleisch, Fisch, Gemüse, Gewürzen und Kräutern finden ihre Balance nicht nur in der saisonalen Vergleichbarkeit, sondern auch in einer spannungsgeladenen Zuordnung. Tradition und Gewohnheit werden dabei bewusst in den Hintergrund gestellt, auf überflüssige Deko-Elemente und komplizierte Tellerarchitektur wird verzichtet. Was zählt, ist die unerwartete Entdeckung des Geschmacks, puristisch arrangiert und ohne Umschweife auf den Punkt gebracht. Darin sind sich die beiden Köche Andree Köthe und Yves Ollech einig und der Erfolg des „Essigbrätlein" gibt ihnen Recht. Gewürzküche oder Gemüseküche, beide Umschreibungen treffen nur die Oberfläche des Angebotes von Andree Köthe und Yves Ollech. Sie setzen mit ihren geschmacklich austarierten Gerichten bemerkenswerte Akzente am Gaumen, die den Kern der Kochkunst treffen und den Kreationen im wahrsten Sinne des Wortes Würze verleihen, unabhängig vom Image des Produktes.

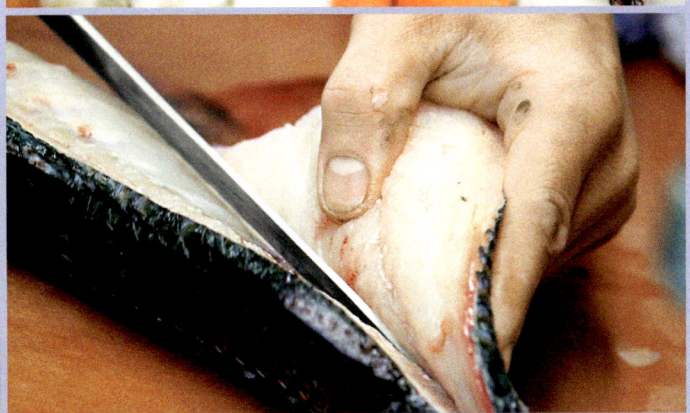

*Andree Köthe und Yves Ollech
sind wahre Meister im Verfeinern
mit frischen Gewürzen
und Kräutern*

# Moderne City mit Blick in die Geschichte

Weithin sichtbar thront die mächtige Kaiserburg über der Stadt, eine der bedeutendsten Kaiserpfalzen des Mittelalters, die Nürnbergs historische Bedeutung als Reichsstadt eindrucksvoll symbolisiert. Bis heute ist die markante Silhouette der Burg das Wahrzeichen Nürnbergs, doch die Stadt an der Pegnitz birgt in ihren Mauern viele Sehenswürdigkeiten, die von der bewegten Geschichte der Stadt erzählen. Ins Licht der Geschichte tritt Nürnberg kurz nach der Jahrtausendwende, als in einer Urkunde am 16. Juli 1050 in „Norenberc" die Freilassung der leibeigenen Sigena beurkundet wird. Diese erste schriftliche Erwähnung Nürnbergs gilt als Stadtgründungstag und schon wenige Jahre später wird Nürnberg das verliehene Markt-, Münz- und Zollrecht bestätigt. Mittelpunkt der entstehenden Stadt ist die mächtige Burganlage auf einem Sandsteinrücken, die aus einer salischen Königsburg hervorgeht und ab Mitte des 12. Jahrhunderts unter der Regentschaft von Konrad III. und Friedrich I. zur Kaiserpfalz ausgebaut wird. Die heute vorhandene Anlage besteht aus den Bauten der Burggrafenburg in der Mitte, der Kaiserburg im Westen und die aus reichsstädtischer Zeit stammenden Bauten im Norden und Osten, aus denen der Ende des 14. Jahrhunderts errichtete Turm Luginsland herausragt. Bis ins 16. Jahrhundert finden in Nürnberg zahlreiche Fürstenversammlungen und Reichstage statt, nahezu alle Kaiser des Heiligen Römischen Reiches residieren in der Nürnberger Burg. Als Kaiser Sigismund die Reichsstadt zum Aufbewahrungsort der Reichskleinodien bestimmt, werden die Insignien der deutschen Königsmacht von 1424 bis 1796 in Nürnberg aufbewahrt. Nach schweren Beschädigungen im Zweiten Weltkrieg wird die Burganlage in historischen Formen wiederaufgebaut. Zu besichtigen sind heute die kaiserlichen Wohn- und Repräsentationsräume im Palas, ausgestattet mit Gemälden, Wandteppichen und Möbeln des 16. und 17. Jahrhunderts, die unversehrt erhaltene Doppelkapelle und der aus der zweiten Hälfte des 13. Jahrhunderts stammende Sinwellturm – ursprünglich der Bergfried der Burg, wurden während der Reichstage von seinem Dach aus die Stunden verkündet.

Nürnbergs wirtschaftliche und kulturelle Blütezeit beginnt im ausgehenden 15. und beginnenden 16. Jahrhundert. In dieser Zeit zählt Nürnberg rund

*Die Nürnberger Altstadt ist reich an Zeugnissen einer bewegten Geschichte*

30 000 Einwohner und ist damit, zusammen mit Köln und Prag, eine der größten Städte des Heiligen Römischen Reiches. Handwerk und Handel erleben einen Aufschwung und es entstehen unter der Leitung von Hans Beheim d. Ä. beeindruckende Bauwerke, die das Gesicht der Stadt prägen. Die „Kaiserstallung" ist das bedeutendste der reichsstädtischen Gebäude aus dieser Epoche. Der zweistöckige Steinbau mit fünf übereinander liegenden Dachböden wird zwar als Kornspeicher errichtet, dient während der mittelalterlichen Reichstage jedoch als Marstall. Im Zweiten Weltkrieg stark zerstört, beherbergt die ehemalige Kaiserstallung heute eine der schönsten Jugendherbergen Deutschlands. Die dreigeschossige „Mauthalle", erbaut als reichsstädtisches Kornhaus, wurde nach Zerstörung Anfang der 1950er Jahre in vereinfachter Form wieder aufgebaut. Heute ist in dem von 26 Säulen gestützten Keller eine Gaststätte mit eigener Kleinbrauerei untergebracht. Das so genannte „Unschlitthaus" wurde 1491 erbaut und gehört zu den sieben Kornhäusern, die der Rat der Stadt im 15. Jahrhundert errichten ließ. Seinen Namen erhielt es von dem 1562 hier untergebrachten Unschlittamt, das die Metzger zur Abgabe allen Unschlitts (nicht genießbares Fett) verpflichtete. Der

geschmolzene Talg diente als Rohstoff für Kerzen, Seife, Wagenschmiere und Schuhwichse. Anfang des 17. Jahrhunderts wird der Rathausneubau im Stil der italienischen Renaissance errichtet und die Nürnberger Akademie zur Universität erhoben. Erst der Dreißigjährige Krieg, der weite Gebiete um die Stadt herum verwüstet, bremst den wirtschaftlichen und kulturellen Aufstieg Nürnbergs. Die kommenden Jahrzehnte sind von politischen Streitigkeiten, Fehden und drückenden Abgabelasten geprägt, 1806 wird die einstmals stolze Reichsstadt dem Königreich Bayern zugesprochen. Nürnberg hat zu dieser Zeit nur noch rund 25 000 Einwohner. Doch Bürgergeist und unternehmerisches Engagement führen zu einem neuen wirtschaftlichen Aufstieg. Die Bleistift- und Spielzeugfabrikation sowie die Metallverarbeitung bringen neuen Wohlstand, 1835 nimmt die erste Eisenbahn von Nürnberg nach Fürth ihren Betrieb auf. Die Elektroindustrie etabliert sich als zweites Standbein der Nürnberger Industrie, 1910 ist die Einwohnerzahl bereits auf rund 330 000 gewachsen. Im Dritten Reich als Stadt der Reichsparteitage instrumentalisiert, gehen im Bombenhagel des Zweiten Weltkrieges rund 90 Prozent der mittelalterlichen Gebäude unter. Beim Wiederaufbau wer-

*Der Brunnen „Ehekarussell"
nimmt Bezug auf das Gedicht
„Das bittersüße eheliche Leben" von
Hans Sachs, der die Ehe von der ersten
glühenden Liebe über den zehrenden
Ehestreit bis hin zum Totenbett
mit drastischen Worten schildert*

den nur historisch besonders markante Bauwerke rekonstruiert, die baulichen Grundstrukturen der Altstadt bleiben großenteils erhalten.

Heute präsentiert sich die zweitgrößte Stadt Bayerns als eine moderne City, die an vielen Orten den Bogen in ihre reiche Geschichte spannt und ein behutsam restauriertes Stück ihres mittelalterlichen Stadtbildes wiedergewonnen hat. Die „Historische Meile" führt die Besucher auf einem ausgeschilderten Rundgang zu den wichtigsten Sehenswürdigkeiten der Altstadt. Dazu gehören, neben den vielen Kirchen, die Wohn- und Arbeitsstätte des Künstlers Albrecht Dürer, der von Türmen und Mauern umrahmte „Handwerkerhof", das „Weinstadel" mit seinen Holzgalerien, der Renaissancesaal im Tucherschloss, das 1339 fertig gestellte „Heilig-Geist-Spital", das „Nassauer Haus" als eines der besterhaltenen Beispiele mittelalterlicher Turmhäuser und natürlich der Ende des 14. Jahrhunderts erbaute „Schöne Brunnen" mit seiner 19 Meter hohen gotischen Steinpyramide. Nürnberg ist ein lebendiges Museum, eine Stadt zum Entdecken, die ihr besonderes Flair nicht nur in den verwinkelten Gassen und ge-

mütlichen Gasthäusern der Altstadt spürbar werden lässt, sondern auch in einer Vielzahl an Museen, die von der langen Geschichte und Kultur der Stadt eindrucksvoll Zeugnis ablegen.

## Attraktive Museumsstadt

Mit dem 1852 gegründeten Germanischen Nationalmuseum beherbergt Nürnberg die größte Sammlung deutscher Kunst und Kultur, den architektonischen Kern des Museums bildet ein Kartäuserkloster mit Kreuzgang, Kirche und Mönchshäusern. Der Bestand des Nationalmuseums der Bundesrepublik umfasst über 1,2 Millionen Objekte, darunter den bronzezeitlichen Goldkegel aus Etzelsdorf, Skulpturen von Veit Stoß und Tilmann Riemenschneider, Gemälde und Zeichnungen von Albrecht Dürer und ein Filzanzug von Joseph Beuys. Im Neuen Museum und in der Kunsthalle ist moderne Kunst präsent und die Geschichte und Kultur des Maschinenzeitalters wird mit Exponaten aus der Technik-, Kultur- und Sozialgeschichte im Museum

*Die Straße der Menschenrechte versinnbildlicht auf Steinsäulen 30 Artikel der Menschenrechtserklärung in verschiedenen Sprachen*

für Industriekultur anschaulich. Eine besondere Attraktion sind die angeschlossenen Spezialmuseen wie das Motorradmuseum, das Schulmuseum und das „Lern- & Spaßlabor" zum Anfassen und Experimentieren. Das 1899 eröffnete königlich-bayerische Eisenbahnmuseum bildet heute als Firmenmuseum der Deutschen Bahn AG zusammen mit dem Museum für Kommunikation das Verkehrsmuseum Nürnberg. Gezeigt werden neben vielen Sonderausstellungen rund 40 historische Schienenfahrzeuge, dazu werden in einer Dauerausstellung 500 Jahre Postgeschichte lebendig. Postkutschen, Reiseutensilien, technische Geräte sowie historische Abbildungen veranschaulichen die Entwicklung der Nachrichtenübermittlung vom Mittelalter bis hin zur aktuellen Informationsverarbeitung. Historisches Spielzeug von der Antike bis zur Gegenwart ist im 1971 gegründeten Spielzeugmuseum zu sehen, die Ausstellung hinter der Renaissance-Fassade eines

Bürgerhauses im Herzen der Nürnberger Altstadt gehört zu den bekanntesten Spielzeugmuseen der Welt.

Unübersehbare architektonische Zeugnisse des Dritten Reiches sind unweit des Stadtkerns zu finden. Nach den Plänen von Albert Speer entstand im Süden der Stadt das „Reichsparteitagsgelände", das jeweils im September von 1933 bis 1938 als Aufmarschgelände der NSDAP-Organisationen genutzt wurde. Zeppelinfeld und Zeppelintribüne, die unvollendet gebliebene Kongresshalle und eine riesige Baugrube für das geplante „Deutsche Stadion" blieben Nürnberg als monströse bauliche Hinterlassenschaft des Nationalsozialismus. Im 2001 eröffneten „Dokumentationszentrum Reichsparteitagsgelände" befindet sich die Dauerausstellung „Faszination und Gewalt", die sich mit den Ursachen, Zusammenhängen und Folgen der nationalsozialistischen Gewaltherrschaft beschäftigt. Seit Mai 2006 erschließt ein Informationssystem das historische Areal und ermöglicht einen individuellen Rundgang über das ehemalige Reichsparteitagsgelände.

## Berühmte Nürnberger

Doch vor allem sind Kunstsinn und Erfindergeist der Nürnberger Bürger seit Jahrhunderten berühmt. Die Stadt an der Pegnitz ist die Heimat des Bildhauers Veit Stoß, des Malers Albrecht Dürer, des Dichters Hans Sachs, und mit dem Namen Willibald Pirckheimer ist Nürnberg eng mit dem Humanismus in Deutschland verknüpft. In Nürnberg wurden im 13. Jahrhundert die ersten Lebkuchen geba-

Die baulichen Grund-
strukturen der Altstadt
blieben großenteils erhalten,
in den verwinkelten Gassen
gibt es zahlreiche historische
Bauwerke zu entdecken

cken, erstmals ein Globus als Darstellung der Welt als Kugel gefertigt und Peter Henlein erfindet in der Stadt an der Pegnitz die Taschenuhr. Um 1700 entsteht in der Werkstatt von Christoph Denner die Klarinette und mit „Em-Eukal" bringt Dr. Carl Soldan 1923 das erste Hustenbonbon auf den Markt. Wenige Jahre später macht das „Tempo" der Vereinigten Papierwerke als Synonym für das Papiertaschentuch im deutschsprachigen Raum Karriere. Das heute weltweit benutzte MP3-Format wird von der Universität Erlangen-Nürnberg und dem Fraunhofer-Institut für Integrierte Schaltungen entwickelt. In Nürnberg findet auch die einzige Erfindermesse in Deutschland statt, einmal jährlich werden auf der IENA über 600 internationale Produktneuheiten und praktische Erfindungen präsentiert.

## Nürnberger Spezialitäten

Nürnberger Lebkuchen ist weltweit bekannt und beliebt, keine Advents- und Weihnachtszeit ohne die schmackhafte Spezialität aus der fränkischen Metropole. Seine Entstehung verdankt der Lebkuchen fränkischen Klosterbrüdern. Um zu verhindern, dass der Teig auf dem Backblech anklebt, setzten sie die Teigmasse auf Oblaten – die „hostia oblata" – und schufen damit ein Backwerk, das heute zu den beliebtesten Spezialitäten Deutschlands zählt. Bereits im Jahre 1395 gab es in Nürnberg Lebküchner, doch erst 1643 genehmigte der Rat der Stadt die Gründung einer eigenen Lebkuchenzunft. Für die Lebküchner gab es eine Unzahl von strengen Bestimmungen, verkaufen durfte seine Lebkuchen nur, wer einen „eigenen Rauch", also einen Backofen, besaß. Heute laufen ab Ende August rund 2000 Oblatenlebkuchen pro Minute durch die Öfen der Lebku-

chenhersteller, doch es gibt in der Stadt auch noch kleine Bäckereien, die das Traditionsgebäck handgeformt und handgestrichen herstellen. Das älteste schriftlich überlieferte Lebkuchen-Rezept stammt aus dem 16. Jahrhundert und wird im Germanischen Nationalmuseum Nürnberg aufbewahrt. Über die berühmten Gewürzstraßen kamen Anis, Nelken, Ingwer, Kardamom, Nelken, Muskatblüte, Koriander, Piment, Orangeat, Zitronat und Zimt, Mandeln und Nüsse nach Nürnberg. Verfeinert mit Honig, macht bis heute die richtige Mischung den besonderen Geschmack der Spezialitäten aus und jeder Lebkuchenbäcker hat seine eigene Rezeptur, die von Generation zu Generation weitergegeben wird. Seit 1996 ist der Nürnberger Lebkuchen als „Geschützte geografische Angabe" europaweit geschützt und darf das Siegel der EU tragen.

Nicht minder berühmt ist die Nürnberger Bratwurst, jene kleine, 7 bis 9 Zentimeter lange und maximal 25 Gramm schwere Grillspezialität mit dem herzhaften, Majoran betonten Geschmack. Seit 1462 ist die Bratwursttradition in Nürnberg belegt, damals durften nur spezialisierte Schweinemetzger die Wurst herstellen und mussten diese täglich den geschworenen Metzgern und Marktmeistern vorlegen. Auch heute noch achtet der Rat der Stadt streng auf die Qualität der Bratwürste, deren Rezeptur festgeschrieben ist. Gebraten werden die Bratwürste traditionell auf dem Holzofengrill. In den klassischen Gastwirtschaften Nürnbergs werden sie mit Sauerkraut und Meerrettich serviert, wer nach „Sauren Zipfeln" verlangt, bekommt sie im Essig-Zwiebel-Sud eingelegt auf den Tisch. Auch die Nürnberger Rostbratwürste stehen seit 2003 unter regionalem Herkunftsschutz der EU und dürfen die Bezeichnung nur tragen, wenn sie im Stadtgebiet Nürnberg nach festgeschriebener Rezeptur hergestellt worden sind.

*Zahlreiche Brücken*
*überspannen*
*die Pegnitz, die etwa*
*80 Kilometer nordöstlich*
*der Stadt entspringt*

Die Pegnitz durchquert das Stadtgebiet
auf einer Länge von rund 14 Kilometern
von Ost nach West, im Bereich der
Altstadt wurde der Fluss stark kanalisiert.
Im benachbarten Fürth fließen die
Pegnitz und die Rednitz zusammen
und bilden den Fluss Regnitz

# Aperitif

Kalbskopf auf Sauerkraut
Gebeizte Kalbsleber mit gebratenem Brot
Schweinebauch mit Ananas
Gebackene Teigröllchen mit Auberginen
Ziegenkäse mit Wassermelone

# Kalbskopf auf Sauerkraut

Für 20 Personen zum Aperitif oder
für 4 Personen als Vorspeise

**Kalbskopf**
600 g Kalbsmaske
400 g Wurzelgemüse,
geschält, gesäubert und in
Würfel geschnitten
1 Lorbeerblatt
4 Thymianzweige
1 TL Pfefferkörner
½ Stange Zimt
1 Nelke
1 TL Koriandersamen
1 TL Tomatenmark
300 ml roter Portwein
600 ml Rotwein
200 ml Crème de Cassis

**Sauerkraut**
300 g Sauerkraut
1 TL karamellisierte Wacholderbeeren, fein gehackt
80 ml Crème double

1. Den Kalbskopf in einen Topf geben und mit kaltem Wasser bedecken. Einmal aufkochen, abschütten und kalt abspülen. Das Wurzelgemüse in einem Schmortopf anschwitzen, die Gewürze und das Tomatenmark zugeben, anrösten und mit dem Portwein ablöschen. Den Portwein reduzieren, die Kalbsmaske mit Salz und Pfeffer würzen, auf die Gemüse geben und mit Rotwein und Crème de Cassis ca. 2 ½ Stunden abgedeckt bei 160 °C schmoren.

2. Den Kalbskopf in grobe Würfel schneiden, den Fond durch ein Sieb geben und mit den Kalbskopfwürfeln essenzartig einkochen. Das rohe Sauerkraut mit Crème double, Wacholder, Salz und Pfeffer abschmecken.

3. Mit quadratischen Servierringen das Sauerkraut auf dem Teller platzieren und die eingekochten Kalbskopfwürfel obenauf anrichten. Eventuell kurz vorher leicht erwärmen und im Servierring auskühlen lassen.

# Gebeizte Kalbsleber
# mit gebratenem Brot

**1.** Die Kalbsleber enthäuten und unter fließendem kalten Wasser 20 Minuten wässern. Anschließend auf ein Küchentuch geben und gut abtrocknen. Die Leber in eine Schüssel geben, von allen Seiten mit dem Meersalz einreiben und 6 Stunden kalt stellen. Das Meersalz gut abwaschen und die Leber wieder unter fließendem Wasser 20 Minuten wässern. Die Kalbsleber trocken abreiben und in einem Topf mit ca. 24 cm Durchmesser und 1 l Sonnenblumenöl 25 bis 35 Minuten bei 60 °C rosa garen. Die Leber mit dem Öl auf einer geeisten Schüssel kalt rühren.

**2.** Für die Aprikosen 200 ml Wasser mit den Thymianzweigen und dem Lorbeerblatt aufkochen. Die Aprikosen zugeben und einen Tag einweichen.

**3.** Die Zwiebeln mit etwas Olivenöl, den Thymianzweigen, dem Lorbeerblatt und der Orangenschale abgedeckt bei schwacher Hitze weich schmoren. Die Aprikosen kleinwürfelig schneiden. Die Gewürze aus den Zwiebeln entfernen. Die Zwiebeln mit den Aprikosen vermischen und mit weißem Balsamico-Essig, Salz, Pfeffer und etwas Chiliöl abschmecken.

**4.** Den Wacholder in einer Pfanne erhitzen, mit dem Puderzucker, einer Prise Salz und etwas Curry karamellisieren. Die Wacholderbeeren sofort aus der Pfanne geben und nach dem Abkühlen grob zerhacken.

**5.** Die Brotstreifen in Butter mit etwas Öl von beiden Seiten knusprig braten und auf ein Küchentuch geben. Die Brote mit Salz und Pfeffer würzen und 1cm hoch mit der Aprikosen- Zwiebelmasse bestreichen. Die Leber in sehr feine Scheiben schneiden. Jeweils 2 Scheiben auf die Brote setzen und mit etwas Wacholder würzen.

Für 20 Personen zum Aperitif oder
für 4 Personen als Vorspeise
muss 1 Tag einweichen

**Kalbsleber**
800 g Kalbsleber (am besten
die Spitze)
120 g grobes Meersalz
1 l Sonnenblumenöl

**Aprikosen**
1 Tag vorher vorbereiten
50 g getrocknete Aprikosen
1 frisches Lorbeerblatt
2 Thymianzweige

**Zwiebeln**
300 g fein würfelig
geschnittene Zwiebeln
Olivenöl
2 Thymianzweige
1 frisches Lorbeerblatt
2 Streifen Orangenschale, ohne
das Weiße
weißer Balsamico-Essig
Salz, Pfeffer
Chiliöl

**Karamellisierte Wacholderbeeren**
2 EL Wacholderbeeren
1 TL Puderzucker
Currypulver

20 Streifen Vollkornbrot ohne Rinde
(3 cm x 8 cm und 1,5 cm dick)
100 g Butter
40 ml Sonnenblumenöl

# Schweinebauch mit Ananas

Für 20 Personen zum Aperitif oder
für 4 Personen als Vorspeise

**Schweinebauch**
700 g Schweinebauch
20 g Butter
1 Vakuumbeutel

**Ananas**
3 Scheiben Ananas, 0,6 cm dick
1 TL karamellisierter Anis
1 EL Ananassenf

**1.** Den Schweinebauch mit Salz und Pfeffer würzen, mit ca. 150 ml Wasser und der Butter vakuumieren, bei 98 °C und 80 % Feuchtigkeit im Dampfgarer ca. 5 Stunden garen. Mindestens 3 Stunden kühl stellen.

**2.** Die Ananas auf Backpapier ca. 6 Stunden bei 65 °C trocknen, so dass sie innen noch einen fruchtigen Kern hat. Die Ananas in Ecken schneiden und in dem Anis wälzen.

**3.** Den Schweinebauch in grobe Würfel schneiden und mit etwas Garfond und dem Ananassenf glasieren. Die Ananas mit dem Schweinebauch zusammen auf kleinen Spießen anrichten.

# Gebackene Teigröllchen mit Auberginen

und Kreuzkümmel

**1.** Für die Auberginenmasse die Zwiebeln und den Knoblauch fein schneiden, die Auberginen in Würfel schneiden. Den Knoblauch und die Zwiebeln in einem Schmortopf mit Olivenöl anschwitzen. Die Auberginen und den Thymian zugeben, mit Salz, Pfeffer würzen und abgedeckt im Ofen schmoren. Nach ca. 15 Minuten umrühren und weitere 15 Minuten schmoren lassen. Die Auberginen sollten musartig verschmort sein. Die Thymianzweige aus der Masse entfernen. Den Sesam in einer Pfanne ohne Fett hellbraun anrösten. Den Ziegenfrischkäse und den Sesam unter die Auberginen rühren, mit Salz, Pfeffer und Chiliöl abschmecken. Die Masse kalt stellen.

**2.** Die Auberginenmasse in einen Spritzbeutel mit 8-mm-Lochtülle füllen. Die Butter schmelzen, den Yufka-Teig in kleine Dreiecke mit ca. 13 cm Seitenlänge schneiden, den Teig mit flüssiger Butter einpinseln, die Auberginencreme aufspritzen, zusammenrollen und auf einem Tablett einfrieren.

**3.** Die Auberginenröllchen nach Bedarf in wenig Öl braten und mit etwas frisch gemahlenem Kreuzkümmel würzen. Halbwarm servieren.

Für 20 Personen zum Aperitif oder
für 4 Personen als Vorspeise

**Auberginenmasse**
500 g Auberginen
100 g geschälte Zwiebeln
1 Knoblauchzehe
3 Thymianzweige
Olivenöl
80 g Ziegenfrischkäse
1 TL weißer Sesam
Salz, Pfeffer
Chiliöl

**Teigröllchen**
türkischer Yufka-Teig
80 g Butter
Kreuzkümmel
Öl

# Ziegenkäse
# mit Wassermelone

Für 4 Personen

**Brunnenkresseöl**
½ Bund Brunnenkresse
Sonnenblumenöl
Saft von 1 Zitrone
Salz, Pfeffer

**Ziegenfrischkäse**
4 Scheiben Ziegenfrischkäse
Pfeffer
Olivenöl

**Wassermelone**
4 Stücke Wassermelone à 20 g
Salz, Pfeffer
Anis, grob geschrotet
Zucker

1. Die Brunnenkresse klein schneiden, mit Sonnenblumenöl bedecken, mixen und durch ein Sieb geben. Mit Zitronensaft, Salz und Pfeffer würzen.

2. Den Ziegenfrischkäse mit Pfeffer würzen, mit Olivenöl beträufeln und im Ofen erwärmen.

3. Die Melonen zu runden länglichen Stücken zurechtschneiden, mit Salz, Pfeffer, Anis und etwas Zucker würzen und anschließend kurz grillen.

4. Den Ziegenkäse neben der Wassermelone anrichten und mit dem Brunnenkresseöl beträufeln.

# Vorspeisen

Kalbszunge mit Stockfisch
Kaninchen mit grünem Gemüse
Wachtel mit Grünkohlsalat
Gegrilltes Reh mit Anis und Zimtjoghurt
Rinderschulter mit Bouchotmuscheln

# Kalbszunge mit Stockfisch

**1.** Das Wurzelgemüse in etwas Öl anschwitzen, die Gewürze zugeben und mit 2 l Wasser auffüllen. Den Kochfond würzen, aufkochen, die Zunge zugeben und ca. 2 Stunden weich kochen. Die Zunge aus dem Fond heben und die Haut entfernen. Den Fond durch ein Sieb passieren und die Zunge darin kalt stellen.

**2.** Den Stockfisch 1–2 Tage in Wasser einweichen, dabei täglich 4- bis 5-mal das Wasser wechseln. Die Milch mit einer angedrückten Knoblauchzehe und Thymianzweigen aufkochen, den Stockfisch zugeben und ca. 10 Minuten ziehen lassen. Aus dem Fond heben, die Lamellen abzupfen und die Milch auf das Stockfischfleisch passieren.

**3.** Die Birne schälen und das Kerngehäuse herausschneiden, in 4 dünne Spalten schneiden. 100 ml Wasser mit dem Zucker aufkochen, die Birnenspalten zugeben und ca. 3 Minuten ziehen lassen. Ein Backblech mit Backpapier vorbereiten. Die Birnenspalten aus dem Fond nehmen und auf das Backpapier geben, mit Zucker, Salz, Pfeffer, Olivenöl, klein geschnittenem Thymian, Lorbeer und Knoblauch bestreuen. Die Birnen bei 70 °C ca. 3 Stunden im Backofen trocknen. Die getrockneten Birnenspalten mit den Gewürzen zusammen in ein Glas geben und mit Olivenöl bedecken.

**4.** Die Erbsen schälen und die Pimpinelle zupfen. Die Sahne mit der Minze aufkochen, ca. 20 Minuten ziehen lassen und durch ein Sieb geben.

**5.** Die Birnenspalten klein schneiden und die Kalbszunge ca. 3 mm dick längs aufschneiden. Den Stockfisch mit etwas Milchfond erwärmen. Die Kalbszungenscheiben mit der Minzsahne und der gleichen Menge Kalbszungenfond leicht cremig einkochen. Die Erbsen in etwas Öl braten, zu dem Stockfisch geben und mit Birne, Pimpinelle, Basilikum, weißem Balsamico, Olivenöl, Chiliöl, Salz und Pfeffer abschmecken. Den Stockfischsalat auf der Kalbszunge anrichten.

Für 4 Personen
2 Tage vorher vorbereiten

**Kalbszunge**
1 kleinere Kalbszunge
250 g gemischtes Wurzelgemüse, gewaschen, geschält und in grobe Stücke geschnitten (Zwiebeln, Karotte, Sellerie, Lauch)
1 TL Pfefferkörner
1 Lorbeerblatt
1 Zimtstange
1 Nelke
4 Wacholderbeeren
4 Pimentkörner
½ TL Korianderkörner

**Stockfisch**
150 g Stockfisch (1–2 Tage wässern)
300 ml Milch
1 Knoblauchzehe
4 Thymianzweige

½ Birne
25 g Zucker
2 Thymianzweige
1 Knoblauchzehe
2 frische Lorbeerblätter

**Erbsen**
400 g Erbsen
3 Zweige Pimpinelle
12 kleine Basilikumblätter
100 ml Sahne
3 Minzezweige

weißer Balsamico-Essig
Olivenöl
Chiliöl
Salz, Pfeffer

# Kaninchen
# mit grünem Gemüse

Für 4 Personen

**Geschmortes Kaninchen**
700 g Kaninchenfleisch (Haxen,
Schulter, Bauchlappen)
¾ Kalbsfuß, in 3 Stücken
2 Zwiebeln
½ Stange Lauch
½ Sellerie, geschält
2 frische Lorbeerblätter
5 Zweige Thymian
10 Pfefferkörner
80 ml Weißwein

**Gegrilltes Kaninchen**
300 g Kaninchenrücken und
Keulen, ausgelöst
2 EL gemischte Gewürze
(Kardamom, Kreuzkümmel,
Fenchel- und Koriandersamen)

**Grünes Gemüse**
4 Stangen grüner Spargel
4 grüne Spitzpaprika
1 Handvoll Erbsen
8 Minzezweige
200 ml Sahne
weißer Balsamico-Essig
Olivenöl
Chiliöl

1. Die Gemüse säubern und in grobe Würfel schneiden, in einem Schmortopf mit etwas Öl anschwitzen. Die grob zerstoßenen Gewürze zugeben und mit Weißwein ablöschen. Die Kalbsfußstücke und Kaninchenteile auf die angebratenen Gemüse setzen. Mit Wasser bedeckend angießen, gut abdecken und im 170 °C warmen Ofen ca. 3 Stunden weich schmoren. Das Fleisch aus dem Bräter heben.

2. Das Kaninchenfleisch von den Knochen zupfen und in eine Schüssel geben. Die Kalbsfüße auslösen und in sehr feine Würfel schneiden. Den Schmorfond abpassieren und die Gemüse dabei gut auspressen. Den Fond entfetten, um die Hälfte reduzieren und die Kalbsfußwürfel zugeben. Alles über das Fleisch geben, mit Salz und Pfeffer abschmecken. Die Masse ca. 3 cm hoch in eine Form geben und im Kühlschrank abkühlen lassen.

3. Den Kaninchenrücken und die Keulen mit der Gewürzmischung und etwas Öl marinieren. Mit Salz und Pfeffer würzen. Die Kaninchenstücke grillen und bei 55 °C ruhen lassen.

4. Das geschmorte Kaninchen aus der Form stürzen und in 3 cm x 3 cm große Würfel schneiden. Mit etwas Sonnenblumenöl knusprig braun braten.

5. Den grünen Spargel schälen und in schräge Scheiben schneiden. Den Paprika in Ringe schneiden und das Kerngehäuse entfernen. Die Erbsen aus den Schoten schälen. Von 3 Minzezweigen die Blätter abzupfen und aufbewahren. Die Stiele und die restlichen 5 Zweige Minze klein schneiden und mit der Sahne aufkochen. Die Minzesahne eine halbe Stunde ziehen lassen und durch ein Sieb geben.

6. Die grünen Gemüse in einer Pfanne mit etwas Öl anbraten und mit der Sahne, Olivenöl, weißem Balsamico-Essig, Chiliöl, Salz und Pfeffer abschmecken. Die aufbewahrten Minzeblätter fein schneiden und zugeben. Das gegrillte Kaninchen mit dem grünen Gemüse und den geschmorten Kaninchenwürfeln nebeneinander anrichten.

# Wachtel mit Grünkohlsalat

**1.** Die Wachteln auslösen, mit der roten Currypaste beidseitig einstreichen.

**2.** Den Grünkohl in Röschen zupfen und waschen. Das Weiße vom Lauch in feine Streifen schneiden. Die Petersilienwurzeln schälen, in kleine Würfel schneiden und in etwas Olivenöl und dem Orangensaft ca. 10 Minuten im Ofen schmoren. Den Rucola putzen und waschen. Den Grünkohl mit etwas Sonnenblumenöl knusprig braten, die Lauchstreifen, die geschmorten Petersilienwurzelwürfel und den Meerrettich zugeben, leicht nachbraten und in eine Schüssel geben. Lauwarm mit dem Rucola, weißem Balsamico-Essig, Olivenöl, Salz und Pfeffer abschmecken.

**3.** Die Wachteln mit etwas Sonnenblumenöl und Butter knusprig braten, auf dem Grünkohlsalat anrichten.

Für 4 Personen

4 Wachteln
1 EL rote Currypaste

**Grünkohlsalat**
1 junger Grünkohl
1 Stange Lauch
200 g Petersilienwurzel
Saft einer halben Orange
1 Bund Rucola
Sonnenblumenöl
Olivenöl
20 ml weißer Balsamico-Essig
1 EL kandierter Meerrettich

## Tipp

Dazu kann man eine Zimtmayonnaise (Mayonnaise mit Zimtöl hergestellt) und eine Liebstöckelessenz (Reduktion aus Balsamico-Essig und Liebstöckel) servieren.

# Gegrilltes Reh mit Anis und Zimtjoghurt

Für 4 Personen

**Zimtjoghurt**
60 ml Weißwein
½ EL Rosinen
1 ½ EL Sesam
½ Stange Cassia-Zimt
150 g Joghurt
Salz, Pfeffer
Chiliöl

**Brunnenkressesalat**
300 g Brunnenkresse
12 Frühlingszwiebeln
Olivenöl
Balsamico-Essig
Salz, Pfeffer

**Gegrilltes Reh**
4 Portionen Rehrücken à 150 g
4 EL Anis

**1.** Den Weißwein aufkochen und die Rosinen darin ca. 12 Stunden einkochen. Den Sesam in einer Pfanne ohne Fett goldbraun anrösten. Die Zimtstange ebenfalls ohne Fett anrösten und fein mahlen. Die eingeweichten Rosinen abtropfen lassen und fein hacken, mit dem Sesam und Zimt in den Joghurt geben und mit Salz, Pfeffer und Chiliöl abschmecken.

**2.** Die Brunnenkresse zupfen, waschen und gut abtropfen lassen. Die Frühlingszwiebeln putzen und in feine Streifen schneiden. Die Frühlingszwiebeln in etwas Olivenöl anbraten, salzen und pfeffern und in eine Schüssel geben. Die Brunnenkresse zu den abgekühlten Frühlingszwiebeln geben und mit Olivenöl, Balsamico-Essig, Salz und Pfeffer als Salat abschmecken.

**3.** Den Rehrücken in Anis wälzen, salzen und pfeffern und grillen. Den Rehrücken und den Salat nebeneinander anrichten und etwas von dem Zimtjoghurt neben das Reh geben.

# Rinderschulter mit Bouchotmuscheln

**1.** Die Rinderschulter mit Salz und Pfeffer würzen und von allen Seiten anbraten. Die Gemüse putzen, in Würfel schneiden, mit den Gewürzen anschwitzen und mit Weißwein ablöschen. Die Rinderschulter auf das Gemüsebett setzen, Wasser angießen, gut abdecken und bei 100 °C ca. 5 Stunden garen. Bei 55 °C warm halten.

**2.** Für die Muscheln die Gemüse und Gewürze anschwitzen, die Muscheln zugeben, mit Weißwein ablöschen und den Topf verschließen. Köcheln, bis sich die Muscheln öffnen. Nach dem Kochen noch geschlossene Muscheln wegwerfen. Die Muscheln aus den Schalen nehmen und in etwas Butter anbraten.

**3.** Mayonnaise rühren. Die Sahne zugeben und mit Salz, Pfeffer und Kreuzkümmel abschmecken. Die Muscheln mit der Mayonnaise vermischen. Für den Salat den Rucola putzen, waschen und trocken schleudern. Die Kaiserschoten putzen, der Länge nach in breite Juliennes schneiden.

**4.** Die Zitronenschale ohne weiße Haut von den Zitronen schneiden, in feine Streifen schneiden, mit kaltem Wasser aufsetzen, zum Kochen bringen und auf ein Sieb geben. Diesen Vorgang noch dreimal wiederholen. Die Zitronen filetieren. Den Saft der Zitronen auffangen. Zitronensaft und Zitronenfilets abwiegen. Im Verhältnis 2 Anteile Zitronensaft und Zitronenfilets zu 1 Anteil Gelierzucker mischen. Die Zwiebeln mit weißem Portwein bedecken und in einem Topf einkochen lassen. Die Zitronen-Gelierzucker-Mischung zugeben, aufkochen, die Zitronenschale zugeben. Sollte das Chutney zu dünn sein, alles auf ein Sieb geben und den Saft auf die gewünschte Konsistenz einkochen und die Filets und Zitronenschalen wieder zugeben.

**5.** Die Kaiserschoten kurz anbraten. Sie sollten noch einen knackigen Biss behalten. Aus den Kaiserschoten, Rucola und weißem Balsamico-Essig und Chiliöl einen Salat herstellen. Die Rinderschulter in Scheiben schneiden. Den Salat in der Tellermitte anrichten, die Rinderschulterscheibe daraufsetzen, etwas von der Muschelmayonnaise über das Fleisch geben und außen herum etwas von dem Zitronenchutney verteilen.

## Für 4 Personen

### Rinderschulter
600 g Rinderschulter (Blattschulter)
1 Zwiebel
halbe Stange Lauch, nur das Weiße
1 Petersilienwurzel
Pfeffer
halbe Zimtstange
2 Thymianzweige
1 Knoblauchzehe
100 ml Weißwein

### Muscheln
500 g Bouchotmuscheln, gewaschen und von den „Bärten" befreit
100 g gemischtes helles Gemüse (Lauch, Zwiebel, Staudensellerie, Fenchel)
1 Sternanis
½ TL weißer Pfeffer
10 Korianderkörner
½ Zimtstange
100 ml Weißwein
etwas Butter

### Mayonnaise
1 Eigelb
100 ml Garnelenöl
1 Zitrone
etwas gemahlener Kreuzkümmel
20 ml Sahne

### Salat
1 Bund Rucola
Chiliöl
120 g Kaiserschoten
weißer Balsamico-Essig

### Zitronenchutney
2 mittelgroße Zwiebeln, in feine Würfel geschnitten
weißer Portwein
6 Zitronen
Gelierzucker (1:2)

# Fisch

# Makrele auf Shiitake

Für 4 Personen

**Shiitake-Pilze in ihrem Fond**
12 Shiitake-Pilze
200 g Champignons
100 g weißes Wurzelgemüse
½ Knoblauchzehe
3 Thymianzweige
1 Lorbeerblatt
etwas Butter

**Ananaspüree**
120 g geschälte Ananas
2 TL Anis
Olivenöl
Salz, Pfeffer

**Makrele**
4 Makrelenfilets à 55 g
½ TL Sri-Lanka-Curry
80 ml Sonnenblumenöl
Salz, Pfeffer

1. Von den Shiitake-Pilzen die Stiele entfernen und bis zum Schmoren zur Seite stellen. Das Wurzelgemüse und die Champignons klein schneiden, mit den Stielen der Shiitake-Pilze in einem Topf anschwitzen, den Knoblauch, den Thymian und den Lorbeer hinzugeben, mit Wasser bedecken und ca. 30 Minuten bei niedriger Hitze kochen. Zur Seite stellen und 30 Minuten ziehen lassen. Den Fond nochmals aufkochen lassen, durch ein Sieb geben und nach Geschmack einkochen. Die Shiitake-Pilze vor dem Servieren mit etwas Butter in einer Pfanne anschwitzen, mit dem Pilzfond ablöschen und einreduzieren lassen, bis eine Bindung entsteht.

2. Die Ananas in grobe Scheiben schneiden und mit Anis, Olivenöl, Salz und Pfeffer marinieren. Die Ananasstücke von beiden Seiten kurz grillen und fein mixen.

3. Das Sonnenblumenöl auf ein Backblech geben, die Makrelen mit der Hautseite auf das Öl geben und mit Salz und Pfeffer würzen. Bei 170 °C ca. 1 Minute garen, den Fisch wenden und in ca. 2 Minuten im Ofen fertig garen. Die Makrelen auf der Hautseite mit Sri-Lanka. Curry, Salz und Pfeffer würzen.

4. Das Ananaspüree auf den Teller geben, darauf die Shiitake-Pilze anrichten und die Makrele auf die Pilze setzen.

# Glattbutt auf Kaninchenragout

**1.** Den Lauch, den Sellerie und die Zwiebeln schälen, waschen und in grobe Würfel schneiden. Mit Thymian, Pfefferkörnern und Lorbeerblättern in einer kleinen Schmorpfanne anschwitzen und mit Weißwein ablöschen. Die Kaninchenschultern und den Kalbsfuß auf die Gemüse setzen, mit Salz und Pfeffer würzen und mit dem Fond auffüllen. Gut abgedeckt bei 170 °C ca. 2 ½ Stunden schmoren. Das Kaninchen und den Kalbsfuß aus der Schmorpfanne heben, den Fond durch ein Sieb geben, aufkochen, dabei entfetten und auf ca. 150 ml reduzieren. Das Kaninchenfleisch von den Knochen zupfen, die Kalbsfußschwarte in feine Würfel schneiden, alles in den Fond geben und mit Salz und Pfeffer nachschmecken.

**2.** Den Spinat blanchieren, in Eiswasser abkühlen, klein schneiden, den Kerbel klein schneiden, mit dem Spinat mischen und entsaften. Die Bohnen blanchieren, mit der Pimpinelle, Olivenöl, Chiliöl, Salz und Pfeffer abschmecken.

**3.** Erst kurz vor dem Servieren den Glattbutt langsam in Butter garen. Vor dem Anrichten das Kaninchenragout erwärmen und mit dem Kerbelsaft abschmecken. Auf einem Teller platzieren, den Fisch auf dem Kaninchenragout anrichten und die Bohnen auf den Fisch geben.

Für 4 Personen

**Kaninchenragout**
2 Kaninchenschultern
¼ Kalbsfuß
½ Stange Lauch
1 Stück Sellerie
2 Zwiebeln
5 Thymianzweige
1 TL weiße Pfefferkörner
2 Lorbeerblätter
80 ml Weißwein
200 ml Kaninchenfond (alternativ Geflügel- oder Gemüsefond)

**Kerbelsaft**
10 Blatt Spinat, geputzt und gewaschen
1 Bund Kerbel

**Grüne Bohnen**
80 g grüne Bohnen, in feine Scheiben geschnitten
½ Bund Pimpinelle, gezupft
Olivenöl
Chiliöl
Salz, Pfeffer

**Glattbutt**
4 Glattbuttfilet à 60 g, ohne Haut
1 EL Butter

# Kalmar auf Fenchel

Für 4 Personen

**Kalmar**
2 Kalmare à 150 g
Olivenöl
Zitronenschalenwürfel
Chiliöl
Salz, Pfeffer

**Marinierte Zitronenwürfel**
1 Zitrone
¼ Vanillestange
70 g Zucker

**Fenchelsalat**
3 junge kleine Fenchel
100 ml Sahne
Chiliöl
weißer Balsamico-Essig
Olivenöl

2 EL Gewürzmischung aus
karamellisiertem Fenchelsamen
und weißem Mohn

**1.** Die Kalmare unter fließendem Wasser gut säubern und alle Häute entfernen. Dann die Kalmare längs halbieren, trocken tupfen und in 4 mm dicke Streifen schneiden.

**2.** Die Streifen am besten im Dampfgarer oder ersatzweise abgedeckt in einem Topf mit wenig Wasser glasig garen. Den Kalmar auf ein Sieb geben, gut abtropfen lassen und in einer warmen Schüssel mit Olivenöl, etwas Zitronenschalenwürfeln, Chiliöl, Salz und Pfeffer abschmecken.

**3.** Die Zitrone grob schälen, so dass die weiße Schale noch an der Zitrone bleibt, und in feine Würfel schneiden. Die Zitronenwürfel mit kaltem Wasser bedecken, aufkochen und das Wasser abgießen. Diesen Vorgang noch zweimal wiederholen. 100 ml Wasser mit 30 ml Zitronensaft, 70 g Zucker und der ausgekratzten Vanille aufkochen, die Zitronenwürfel hinzufügen und nochmals aufkochen. Die Zitrone noch heiß in ein Glas mit Deckel füllen.

**4.** Das Fenchelgrün abzupfen und klein schneiden. Den Fenchel schälen und in 5 mm dünne Scheiben schneiden. Die Fenchelschalen und -abschnitte mit der Sahne aufkochen, erkalten lassen und durch ein Sieb passieren. Den Fenchel kurz in Wasser blanchieren, mit der Fenchelsahne, dem Fenchelgrün, Chiliöl, weißem Balsamico-Essig, Olivenöl, Salz und Pfeffer abschmecken.

**5.** Den Fenchel in der Tellermitte anrichten, darüber die Streifen vom Kalmar verteilen und mit der Gewürzmischung bestreuen.

# Rochen im Linsenfond

**1.** Das Gemüse und 2 Zwiebeln schälen und klein schneiden. Mit 40 g Speck und der Knoblauchzehe in Öl anschwitzen, dann 1 EL Zucker zugeben und leicht karamellisieren, mit 40 ml Essig ablöschen. Die Linsen und den Thymian zugeben, mit Wasser bedecken und bei niedriger Temperatur weich köcheln, den Fond durch ein Sieb passieren. Die restlichen 2 Zwiebeln und den restlichen Speck klein schneiden und in Öl anschwitzen, wieder mit etwas Zucker karamellisieren und mit dem restlichen Essig ablöschen. Mit dem Linsenfond auffüllen und nach Geschmack einkochen. Vom Herd nehmen, ein halbes Bund Majoran zugeben, eine halbe Stunde ziehen lassen und abpassieren.

**2.** Das Sonnenblumenöl mit dem Bund Majoran erwärmen, vom Herd nehmen, und ca. 6 Stunden ziehen lassen und dann durch ein Sieb passieren.

**3.** Die Zwiebeln und eine Knoblauchzehe klein schneiden. Mit drei Zweigen Thymian und etwas Sonnenblumenöl anschwitzen, abgedeckt langsam weich schmoren. Dann pürieren und kalt rühren. Den Dill zupfen und in das kalte Zwiebelpüree mixen.

**4.** Die Zwiebeln in feine Würfel schneiden, in Butter und Sonnenblumenöl langsam braun schmoren und auf ein Sieb geben. Die Bohnen putzen und klein schneiden. Die Birne schälen und in kleine Würfel schneiden. Die Bohnen kochen, mit dem Dillpüree, braunen Zwiebeln und Birnenwürfeln vermengen und abschmecken.

**5.** Den Rochen langsam in Butter braten, mit Salz und Pfeffer würzen. Den Linsenfond erwärmen, mit etwas Majoranöl mixen und mit Bohnen und Rochen anrichten.

Für 4 Personen
muss ca. 6 Stunden ziehen

4 Portionen Rochenfilet à 70 g

**Linsenfond**
500 g Linsen
1 Karotte
4 Zwiebeln
1 Stange Lauch
½ Sellerieknolle
80 g Speck
1 Knoblauchzehe
3 Thymianzweige
½ Bund Majoran
etwas Zucker
80 ml Sherryessig

**Majoranöl**
1 Bund Majoran
100 ml Sonnenblumenöl

**Zwiebel-Dill-Püree**
4 Zwiebeln
3 Zweige Thymian
1 Knoblauchzehe
1 Bund Dill
etwas Sonnenblumenöl

**Bohnen**
2 Zwiebeln
60 g Butter
40 ml Sonnenblumenöl
200 g grüne Bohnen
1 kleine Birne

# Pollack im Minzfond

Für 4 Personen
muss 1 Tag ziehen

4 Stück Pollack à 70 g

**Bohnen-Apfel Gemüse**
½ Granny-Smith-Apfel
150 g grüne Bohnen
etwas Olivenöl
Ingwer
Salz, Pfeffer

**Minzfond**
2 Zwiebeln
½ Sellerieknolle
2 Stangen Lauch, nur das Weiße
250 g getrocknete weiße Bohnen
5 Zweige Thymian
etwas Sonnenblumenöl

**Erbsencreme**
100 g Erbsen, möglichst klein und
süß, ersatzweise auch tiefgefroren
30 g gekochte Kartoffeln
1 EL braune Butter
2 EL Sahne

**Minzöl**
1 Tag vorher zubereiten

2 Bund Minze, davon ¾ Bund für
den Minzfond
150 ml Sonnenblumenöl

**1.** Den Pollack im Dampfgarer garen (ersatzweise in etwas Butter langsam braten).

**2.** Den Apfel in kleine Würfel schneiden. Die Bohnen in feine Ringe schneiden, mit etwas Biss kochen und mit den Apfelwürfeln, Olivenöl, etwas frisch geriebenem Ingwer, Salz und Pfeffer abschmecken.

**3.** Die Zwiebeln, den Sellerie und den Lauch putzen, in grobe Stücke schneiden und in etwas Sonnenblumenöl anschwitzen. Die weißen Bohnen und den Thymian zugeben, mit Wasser bedecken und bei schwacher Hitze weich kochen. Alles auf ein Sieb gießen. Die Bohnen können als Gemüse oder als Bohnencreme in einem anderen Gericht verwendet werden. Den Bohnenfond nach Geschmack einkochen, ¾ Bund Minze zugeben und neben dem Herd ca. 1 Stunde ziehen lassen. Dann die Minze entfernen.

**4.** Die Erbsen kochen und mit der Kartoffel, brauner Butter und Sahne mixen und durch ein feines Sieb streichen, mit Salz und Pfeffer abschmecken.

**5.** Die restliche Minze klein schneiden, mit dem Sonnenblumenöl erwärmen, aber nicht erhitzen, dann 1 Tag durchziehen lassen. Durch ein Sieb geben und in ein Glas abfüllen (das Öl ist gekühlt ca. 6 Monate lagerfähig).

**6.** Den Minzfond erwärmen und mit etwas Minzöl mixen. Die Erbsencreme erwärmen. Dann die Erbsencreme in die Mitte eines tiefen Tellers geben, den Pollack daraufsetzen. Den Bohnensalat als Abschluss auf den Pollack geben und mit etwas Minzfond umgießen.

# Fleisch

Hirsch auf Schwarzwurzeln
Taube mit Feigensalat
Entrecote mit Stockfischcreme
Pochierte Kalbsleber mit Blumenkohl
Lamm mit schwarzen Bohnen

# Hirsch auf Schwarzwurzeln

Für 4 Personen

**Hirsch**
4 Hirschrückensteaks à 120 g
4 EL Mohn
Salz, Pfeffer

**Schwarzwurzeln**
2 Stangen Schwarzwurzeln
1 Thymianzweig
1 Lorbeerblatt
1 Streifen Orangenschale
4 Zimtblüten
150 l Sahne

**Grünkohlsaft**
4 Blätter Grünkohl
weißer Balsamico-Essig
Olivenöl

**1.** Die Hirschrückensteaks mit Mohn bestreuen, mit Salz und Pfeffer würzen, von allen Seiten anbraten und im Ofen bei 100 °C ca. 15 Minuten rosa garen. Das Fleisch bei 55 °C einige Minuten ruhen lassen.

**2.** Die Schwarzwurzeln schälen und in 9 cm lange und 0,5 cm dicke Streifen schneiden. Dann nebeneinander auf ein Backblech legen, mit Sahne gerade bedeckend angießen, Thymian, Lorbeer, Orangenschale und Zimtblüten zugeben, sowie mit Salz und Pfeffer würzen, alles ca. 12 Minuten bei 180 °C garen.

**3.** Die Grünkohlblätter entsaften, mit Salz, Pfeffer, weißem Balsamico-Essig und etwas Olivenöl abschmecken. Den Hirsch auf den Schwarzwurzeln anrichten und mit etwas Grünkohlsaft umgießen.

# Taube mit Feigensalat

**1.** Die 5-Gewürze-Mischung mit 2 EL Sonnenblumenöl vermischen und die Tauben damit bestreichen. Etwa eine Stunde ziehen lassen. Dann die Tauben mit Salz und Pfeffer würzen und grillen.

**2.** Die Feigen schälen, die Schalen mit Portwein, Crème de Cassis, Thymian und Kardamom einkochen und durch ein Sieb passieren. Die geschälten Feigen in Würfel schneiden, mit Rucola, dem Feigenfond, Olivenöl, etwas Balsamico-Essig und Chiliöl zu einem Salat anmachen. Den Knollensellerie in feine Streifen schneiden und zusammen mit den Macadamianüssen in Sonnenblumenöl knusprig braten und auf einem Sieb abtropfen lassen. Ebenfalls unter den Salat mischen.

**3.** Den Salat in der Tellermitte anrichten. Die Taube auf den Salat setzen, die Holunderblütenmayonnaise und die Kaffeebohnenessenz außen herum verteilen.

Für 4 Personen

**Taube**
2 Tauben, ausgelöst
2 TL 5-Gewürze-Mischung
2 EL Sonnenblumenöl
Salz, Pfeffer

**Feigensalat**
3 Feigen
100 ml roter Portwein
40 ml Crème de Cassis
3 Thymianzweige
4 Kardamomkapseln
1 Bund Rucola, gezupft und gewaschen
Olivenöl
Balsamico-Essig
Chiliöl
150 g Knollensellerie
12 Macadamianüsse, geviertelt
Sonnenblumenöl

1 EL Kaffeebohnenessenz (Balsamico-Essig mit Kaffeebohnen reduziert)
2 EL Holunderblütenmayonnaise (hergestellt mit Holunderblütenöl*)

* Zubereitung Holunderblütenöl: 250 g Holunderblütenblätter mit 250g Traubenkernöl vermischen und zugedeckt drei Tage ziehen lassen

# Entrecote mit Stockfischcreme

Für 4 Personen
3 Tage vorher beginnen

**Stockfischcreme**
2–3 Tage wässern
250 g kleine Kartoffeln, festkochend
100 g Stockfisch
150 ml Milch
2 Zweige Thymian
1 Lorbeerblatt
1 Knoblauchzehe
Olivenöl

**Sauerkirschen**
1 Tag vorher zubereiten
2 EL Zucker
60 ml Balsamico-Essig
400 ml Sauerkirschsaft
1 Kardamomkapsel
2 EL getrocknete Sauerkirschen

2 Scheiben Entrecote à 240 g
10 Zweige Thymian
3 Knoblauchzehen
1 EL Kümmel
0,1 l Sonnenblumenöl

120 g Mangold
24 Basilikumblätter
weißer Balsamico-Essig

**1.** Stockfischcreme: Die Milch mit Thymian, Lorbeerblatt und Knoblauch aufkochen. Den Stockfisch zugeben und garziehen lassen, aus der Milch heben und die Lamellen abzupfen. Die Milch durch ein Sieb auf die Stockfischlamellen geben. Die Kartoffeln kochen und pellen. Die Kartoffeln und den Stockfisch mit etwas Milch und Olivenöl in einem Küchenkutter nicht zu fein mixen.

**2.** Sauerkirschen: Den Zucker karamellisieren, mit dem Balsamico-Essig ablöschen und sirupartig reduzieren. Mit dem Kirschsaft auffüllen. Den Kirschsaft mit dem Kardamom essenzartig einkochen. Die getrockneten Kirschen in feine Streifen schneiden und in der Kirschessenz mindestens 24 Stunden einlegen.

**3.** Thymian und Knoblauch klein schneiden und mit Kümmel und Öl verrühren, über das Entrecote geben. Das Entrecote 6 Stunden marinieren lassen.

**4.** Die Mangoldblätter von den Stielen zupfen, die Mangoldstiele schälen und in feine Streifen schneiden.

**5.** Das Entrecote grillen und bei 55 °C ruhen lassen. Die Mangoldstiele mit etwas Olivenöl anbraten, dann die Mangoldblätter zugeben und würzen. Den Mangold mit dem Basilikum, einigen Kirschen, Olivenöl, weißem Balsamico-Essig, Chiliöl, Salz und Pfeffer abschmecken. Das Entrecote in Tranchen schneiden und mit dem Mangold und der Stockfischcreme anrichten.

# Pochierte Kalbsleber
# mit Blumenkohl

**1.** Die Gewürzmischung: Die Birne schälen, vierteln, Kerngehäuse herausschneiden und in feine Spalten schneiden. 25 g Zucker und 100 ml Wasser aufkochen. Die Birnenspalten für 2 Minuten in dem Zuckerwasser ziehen lassen, herausheben und auf ein Backblech mit Backpapier verteilen. Die Birnen mit etwas Olivenöl beträufeln, mit Salz, Pfeffer, klein geschnittenem Thymian, Knoblauch und Lorbeer bestreuen. Die Birnen bei 60 °C ca. 4 Stunden im Ofen trocknen. (Die Birnen kann man gut in einem verschlossenen Glas mit Olivenöl bedeckt kalt aufbewahren.) Den Majoran zupfen, in heißem Öl frittieren und auf ein Küchentuch geben. Die Macadamianüsse in etwas Butter hellbraun braten und warm halten.

**2.** Den Blumenkohl in 8 große Röschen aufteilen. Die Blumenkohlröschen von beiden Seiten gerade schneiden, so dass daraus dicke Scheiben entstehen. Die Blumenkohlabschnitte klein schneiden, mit der Sahne aufkochen, vom Herd nehmen und ziehen lassen. Die Sahne durch ein Sieb passieren. Die Blumenkohlscheiben in eine passende feuerfeste Form geben, mit der Sahne auffüllen, Orangenschale, Zimtblüten, Thymian, Lorbeer zugeben und mit Salz und Pfeffer würzen.

**3.** Den Blumenkohl im Ofen bei 180 °C ca. 9 Minuten weich garen. Die Kalbsleber auf einem Gitter im Dampfgarer bei 80 % Feuchtigkeit und 90 °C ca. 6 Minuten garen. Den Balsamico-Essig in einer Pfanne reduzieren, die Kalbsleber zugeben und glasieren. Die getrockneten Birnenspalten fein schneiden.

**4.** Je zwei Blumenkohlscheiben auf den Teller geben, die Kalbsleber würzen und auf den Blumenkohl setzen. Majoran, 1 EL fein geschnittene getrocknete Birnen und Macadamianüsse vermischen. Die Gewürzmischung mit etwas weißem Balsamico-Essig, Salz und Pfeffer würzen und auf der Leber verteilen.

Für 4 Personen

4 Portionen Kalbsleber à 70 g
(von der Spitze)
9 cl Balsamico-Essig

**Gewürzmischung**
1 Birne
25 g Zucker
Olivenöl
Salz, Pfeffer
2 Zweige Thymian
1 Knoblauchzehe
2 Blatt frischer Lorbeer
4 Zweige Majoran
3 EL angeschlagene Macadamianüsse
Butter

**Blumenkohl**
1 kleiner Blumenkohl
0,3 l Sahne
1 Streifen Orangenschale
3 Zimtblüten
1 Zweig Thymian
1 Lorbeerblatt
Salz, Pfeffer

weißer Balsamico-Essig

# Lamm
# mit schwarzen Bohnen

Für 4 Personen

**Schwarze Bohnen**
¼ Sellerie
1 Knoblauchzehe
1 Zwiebel
1 Karotte
1 Stange Lauch
50 g Speck
3 Zweige Bohnenkraut
500 g schwarze Bohnen

2 Bund Minze
1 Handvoll Spinat
0,1 l Sonnenblumenöl

4 Mandarinen
1 kleines Stück Galgant
Ingwer
Zitronengras
1 Kaffirlimettenblatt
Chiliöl

400 g Lammrücken
etwas Butter
1 TL Garam Masala
Zitronensaft

**1.** Bohnen: Sellerie, Knoblauch, Zwiebel und Karotte schälen, Lauch halbieren und waschen, alles mit Speck und Bohnenkraut in Olivenöl anschwitzen. Die Bohnen zugeben, mit Wasser auffüllen, aufkochen, abschäumen und ca. 2 Stunden langsam köcheln, bis die Bohnen weich sind. Bohnen auf ein Sieb geben, Gemüse und Speck entfernen, ein Viertel der Bohnen mit etwas Kochfond pürieren, durch ein Sieb streichen, zu den Bohnen geben und mit etwas Fond vermischen, so dass die Bohnen leicht sämig sind.

**2.** Minzöl: Die Minze zupfen, den Spinat blanchieren, in Eiswasser abkühlen und gut ausdrücken. Mit der gezupften Minze und dem Sonnenblumenöl mixen, kalt stellen.

**3.** Mandarinenessenz: Von einer Mandarine die Schale (ohne das Weiße) aufbewahren. Die Mandarinen auspressen, den Saft durch ein Sieb geben, sirupartig einkochen. Galgant, Ingwer, Zitronengras, Kaffirlimettenblatt und Mandarinenschale klein schneiden und in die Essenz geben, eine halbe Stunde ausziehen lassen, abpassieren und mit etwas Chiliöl abschmecken.

**4.** Das Lamm anbraten, bei niedriger Hitze fertig garen, dabei etwas Butter und das Garam Masala zugeben und immer wieder mit der aromatisierten Butter übergießen. Bei ca. 55° C etwa 5 Minuten ruhen lassen.

**5.** Bohnen mit Minzöl, Salz, Pfeffer, Zitronensaft und Chiliöl abschmecken, mit dem Lamm und der Mandarinenessenz anrichten.

# Gemüse

# Artischocken im Fond

Für 8 Personen

**Artischockenfond**
1 geschälte Zwiebel
1 Stange Lauch, gesäubert,
halbiert und gewaschen
¼ Sellerie, geschält
1 Knoblauchzehe
Olivenöl
½ TL Koriandersamen
½ TL weißer Pfeffer
2 Thymianzweige
1 Lorbeerblatt
100 ml weißer Portwein
Artischockenblätter
1 l Geflügelfond

5 Zweige Blattpetersilie
5 Korianderzweige
½ TL Korianderkörner
2 Streifen Orangenschale

**Artischocken**
6 große Artischocken
1 Zitrone
3 Streifen Orangenschale
1 TL Koriandersamen
1 Knoblauchzehe
Zucker, Salz
Olivenöl
1 TL Butter

**Weiße Bohnencreme**
200 g getrocknete kleine
weiße Bohnen
1 Karotte
½ Stange Lauch, nur das Weiße
¼ Sellerie, geschält
1 Zwiebel, geschält
1 Lorbeerblatt
¼ Knoblauchknolle
Olivenöl
125 g Crème double

**Kaiserschoten**
200 g Kaiserschoten
4 Zweige Koriander, gezupft

**1.** Die Gemüse für den Fond klein schneiden, mit etwas Olivenöl anschwitzen, Korianderkörner, Pfefferkörner, Thymian und Lorbeer zugeben. Die Gemüse mit weißem Portwein ablöschen, komplett einkochen, die Artischockenblätter zugeben und mit dem Geflügelfond zusammen 1 Stunde langsam köcheln lassen, vom Ofen ziehen, ½ Stunde ziehen lassen und dann alles mixen. Den Fond durch ein Tuch passieren und dabei gut ausdrücken, nochmals aufkochen, zur Seite ziehen. Die Blattpetersilie, Korianderzweige und -körner sowie die Orangenschale zum Aromatisieren zugeben. Nach einer ½ Stunde erneut durch ein Sieb passieren.

**2.** Für den Artischockenfond die Artischocken schälen, dabei die inneren jungen Blätter aufheben, das Artischockenheu mit einem kleinen Löffel herauskratzen. Die Artischockenböden dritteln und in Wasser mit Zitronensaft aufbewahren. Für die Artischockenböden den Saft einer halben Zitrone, 0,4 l Wasser, Orangenstreifen, Korianderkörner, Knoblauchzehe, Zucker und Salz auf die Hälfte einkochen und durch ein Sieb geben. Die Artischocken mit dem Gewürzfond weich kochen. Aus dem Fond nehmen, mit etwas Kochfond, Olivenöl und Butter glasieren.

**3.** Für die Bohnencreme Karotte, Lauch, Sellerie, Zwiebel, Lorbeer und Knoblauch in Olivenöl anschwitzen. Die Bohnen zugeben und alles mit Wasser bedecken. Die Bohnen aufkochen lassen, abschäumen und bei niedriger Temperatur langsam weich kochen. Die Bohnen mit Fond auf ein Sieb geben und das Gemüse entfernen. Die Bohnen mit etwas Fond und der Crème double pürieren und durch ein Sieb streichen. Mit Salz und Pfeffer nachschmecken. Die Kaiserschoten in Juliennes schneiden. Den gezupften Koriander in feine Streifen schneiden. Die Kaiserschoten in wenig Sonnenblumenöl anschwitzen und mit Salz, Pfeffer und Koriandergrün abschmecken. Den Artischockenfond erwärmen und mit etwas Olivenöl binden.

**4.** In die Mitte eines tiefen Tellers etwas Bohnencreme geben, die glasierten Artischocken daraufsetzen, mit dem Artischockenfond umgießen. Den Kaiserschotensalat auf den Artischocken anrichten.

# Rote Bete mit Kümmelkaramell

**1.** Die Zwiebeln schälen, grob schneiden und in Olivenöl anschwitzen. Die Rote Bete in Form schneiden und dazugeben. Thymian, Orangesnchale, Kümmel und Lorbeer zu dem Gemüse geben, mit Wasser bedecken, mit Salz, Pfeffer und etwas Zucker würzen und bei niedriger Temperatur die Rote Bete leicht bissfest garen. Den Fond für die Essenz verwenden. Vor dem Servieren die Rote Bete in der Essenz glasieren.

**2.** Den braunen Zucker karamellisieren, mit Balsamico-Essig ablöschen und etwas einreduzieren lassen. Mit der Hälfte des Garfonds von der Roten Bete auffüllen und sirupartig einkochen lassen.

**3.** Den Roquefort mit der Milch erhitzen, bis sich der Käse auflöst, und dann kalt stellen. In einer kalten Schüssel die Crème double, die Crème fraiche und den Ziegenfrischkäse glatt rühren. Die Roquefortmilch einrühren und mit Salz und Chiliöl abschmecken. Kalt stellen.

**4.** Den braunen Zucker karamellisieren, den Kümmel einrühren, auf ein Backpapier streichen und abkühlen lassen. Mit einem großen Messer fein schneiden und im Tiefkühlfach aufbewahren. Den Kräutersalat mit Salz, Pfeffer, Chiliöl und weißem Balsamico-Essig abschmecken.

**5.** Die Roquefortcreme kreisrund auf den Teller streichen, die Rote Bete darauf anrichten, den Kräutersalat zwischen die Rote Bete setzen und den Kümmelkaramell seitlich als Streifen zum Eindippen anrichten.

Für 4 Personen

**Rote Bete**
12 Rote Beten
3 rote Zwiebeln
3 Thymianzweige
3 Streifen Orangenschale
½ gemahlener Kümmel
1 Lorbeerblatt
30 ml Olivenöl
Salz, Pfeffer, Zucker

**Rote-Bete-Essenz**
2 EL brauner Zucker
80 ml Balsamico-Essig

**Roquefortcreme**
20 g Roquefort
6 EL Milch
60 g Crème double
1 EL Crème fraîche
60 g Ziegenfrischkäse
Chiliöl

**Kümmelkaramell**
6 EL brauner Zucker
3 EL Kümmel

**Kräutersalat**
2 Handvoll frischer Kräutersalat
Salz, Pfeffer
Chiliöl
weißer Balsamico-Essig

# Bohnen mit Tomatenkernen

Für 4 Personen

**Bohnenfond und Bohnenöl**
3 geschälte Zwiebeln
40 g Speck
650 g gelbe Bohnen
4 Zweige Bohnenkraut
2 Lorbeerblätter
300 ml Sonnenblumenöl

**Tomatenkerne**
12 kleine Tomaten
Zimtöl
Salz, Pfeffer
Chiliöl

**Spinatöl**
1 geschälte Zwiebel
1 geschälte Knoblauchzehe
60 g Butter
80 ml Sonnenblumenöl
100 g geputzter und
gewaschener Spinat
Muskatnuss

**Bohnensalat**
250 g grüne Bohnen
weißer Balsamico-Essig
Chiliöl

**Kartoffeln**
300 g kleine Kartoffeln
(z.B. Sieglinde)
100 g Erbsen
1 walnussgroßes Stück geschälter
Ingwer
4 EL Sahne
2 EL Olivenöl

1. Für den Bohnenfond und das Bohnenöl Zwiebeln, Speck und gelbe Bohnen klein schneiden. Die Zwiebeln jeweils zur Hälfte in zwei Töpfen anschwitzen, Speck, Bohnen, Bohnenkraut und Lorbeer auch gleichmäßig auf die 2 Töpfe verteilen. Einen der beiden Töpfe mit Wasser auffüllen und ca. 1 Stunde auf kleiner Flamme köcheln. Den Fond etwas anmixen und durch ein Tuch passieren. Den anderen Topf mit dem Sonnenblumenöl auffüllen und auch eine Stunde köcheln, nochmals 6 Stunden ziehen lassen, durch ein Sieb geben und in ein in Glas füllen.

2. Die Tomaten halbieren, die Tomatenkerne mit einem Teelöffel vorsichtig herauslösen und mit Zimtöl, Salz, Pfeffer und Chiliöl abschmecken.

3. Für das Spinatöl die Zwiebel und den Knoblauch fein schneiden. Zwiebel und Knoblauch in der Butter und 30 ml Sonnenblumenöl braun anschwitzen. Eine Hälfte des Spinats zugeben. Wenn der Spinat zusammengefallen ist, mit Salz, Pfeffer und etwas Muskat würzen, alles auf ein gekühltes Blech geben und kalt stellen. Die andere Hälfte des Spinats blanchieren, in Eiswasser abkühlen und gut ausdrücken. Den angeschwitzten und blanchierten Spinat mit dem restlichen Sonnenblumenöl mixen und kalt stellen.

4. Die Bohnen in feine Streifen schneiden, weich kochen und mit etwas von dem Spinatöl, Salz, Pfeffer, Chiliöl und weißem Balsamico-Essig als Salat abschmecken. Den Bohnenfond erwärmen und mit etwas von dem Bohnenöl aufmixen.

5. Die Kartoffeln kochen, pellen und zerdrücken. Die Erbsen blanchieren und grob pürieren, den Ingwer fein reiben und mit Sahne und Olivenöl unter die Kartoffeln heben. Die Kartoffelcreme warm halten.

6. Die Gemüse übereinanderschichten. Zuerst Kartoffeln, dann Bohnen und zum Schluss die Tomaten, alles mit etwas Bohnenfond umgießen.

# Karotten mit Brunnenkresse

**1.** Die Karotten schälen und in Form schneiden. Die Karotten in Butter anschwitzen, mit Zucker und etwas Salz würzen, mit wenig Wasser anfüllen, einen Streifen Orangenschale zugeben und alles abgedeckt weich schmoren. Die Karotten vom Herd nehmen, Kerbel, Estragon und Koriander auf die Karotten legen und 10 Minuten abgedeckt aromatisieren lassen. Danach die Kräuter entfernen.

**2.** Für den Dill-Joghurt das Sonnenblumenöl mit dem Dill fein pürieren, zu dem Joghurt geben, mit Chiliöl, Salz und Pfeffer abschmecken.

**3.** Die Brunnenkresse putzen und waschen und mit Salz, Pfeffer, Olivenöl und weißem Balsamico zu einem Salat anrichten.

**4.** Den Mohn und das Currypulver zu einer Gewürzmischung vermengen. Die Karotten mit dieser Gewürzmischung sowie dem Dill-Joghurt anrichten.

Für 4 Personen

**Karotten**
12 junge Karotten
2 EL Butter
Zucker, Salz
Schale von halber Orange
2 Kerbelzweige
2 Korianderzweige
2 Estragonzweige

**Dilljoghurt**
125 g Joghurt
40 g Dill
60 ml Sonnenblumenöl
Chiliöl
Salz, Pfeffer

**Brunnenkressesalat**
1 Bund Brunnenkresse

2 TL gemahlener Mohn
1 TL Curry

# Steinpilze auf Bohnencreme

mit Fenchelsalamiöl

Für 4 Personen

**Bohnencreme**
250 g gekochte weiße Bohnen
reichlich Wurzelgemüse
Bohnenfond
2 EL Butter
Salz, Pfeffer

**Steinpilze**
400 g Steinpilze, gesäubert und in
gleich große Stücke geschnitten
1 Knoblauchzehe
2 Thymianzweige
1 TL gemischte Gewürze (Anis,
Fenchelsamen, 3 Zimtblüten)
Salz, Pfeffer
1 TL Butter

**Fenchelsalamiöl**
80 g Fenchelsalami
80 ml Olivenöl
1 TL Fenchelsamen

**1.** Die weißen Bohnen zuvor mit Wurzelgemüse kochen. Dann die Bohnen mit etwas Bohnenfond und der Butter pürieren. Die Bohnencreme durch ein Sieb streichen, mit Salz und Pfeffer abschmecken. Vor dem Servieren die Bohnencreme erwärmen.

**2.** Die Steinpilze in etwas Butter anbraten, die Gewürze, den Knoblauch und Thymian zugeben und im Ofen garen. Die Gewürze, Thymian und Knoblauch entfernen. Die Steinpilze mit Salz und Pfeffer nachschmecken.

**3.** Die Fenchelsalami klein schneiden. Die Fenchelsamen kurz anrösten, mit Salami und Olivenöl fein mixen. Die Bohnencreme in die Tellermitte geben, die Steinpilze daraufsetzen und das Fenchelsalamiöl außen herum verteilen.

# Desserts

Oliveneis mit Kräutergelee
Apfel mit Crème-fraîche-Eis
Nougatpudding mit Passionsfrucht
Pfeffereis mit Pflaumen
Marinierte Birnen mit Kümmeleis

# Oliveneis mit Kräutergelee

Für 4 Personen
muss einen Tag marinieren

**Oliveneis**
60 g grüne Oliven
(1 Tag vorher marinieren)
50 g Zucker
300 ml Sahne
200 ml Milch
1 Tonkabohne
4 Eigelb
65 g Zucker

**Kräutergelee**
½ Vanilleschote
80 g Zucker
Saft und Schale von ½ Limone
1 Zweig Eisenkraut
½ Minze
½ Koriander
½ Bund Basilikum
3 ½ Blatt Gelatine

500 g Erdbeeren
Puderzucker

**1.** Die Oliven mit kaltem Wasser bedecken, aufkochen und abgießen. Den Vorgang noch zweimal wiederholen. Den Zucker mit 200 ml Wasser aufkochen, die Oliven zugeben und abkühlen lassen. Die Oliven 1 Tag im Zuckerfond marinieren. Dann die Oliven aus dem Fond nehmen, abtropfen lassen und klein schneiden. Für das Eis die Sahne und die Milch mit den Oliven und der Tonkabohne aufkochen. Eine Stunde ziehen lassen und durch ein Sieb passieren. Die Eigelbe mit dem Zucker schaumig schlagen, die Sahne-Milch-Mischung noch einmal aufkochen und dazugeben. Im Wasserbad aufschlagen und in der Eismaschine frieren.

**2.** Die Vanille, Zucker, Limonenschale und -saft mit Eisenkraut und 400 ml Wasser aufkochen, eine halbe Stunde ziehen lassen, passieren und kalt stellen. Die Kräuter zupfen, in den kalten Fond mixen und diesen wieder durch ein Sieb passieren. Die eingeweichte Gelatine auflösen und in den Kräuterfond geben. Nun kalt stellen, damit die Masse geliert.

**3.** Die Erdbeeren waschen und putzen, ein Drittel der Menge pürieren und durch ein Sieb streichen. Den Rest klein schneiden, mit dem Püree vermengen und mit Puderzucker abschmecken. Zum Anrichten die Erdbeeren in ein Glas geben, das halbsteif gewordene Kräutergelee darübergeben und obenauf das Oliveneis setzen.

# Apfel mit Crème-fraîche-Eis

und Sauerampfermarzipan

1. Den Puderzucker mit den Pinienkernen, dem Mehl und der zimmerwarmen Butter mit einem Knethaken kurz durcharbeiten. Den Mürbteig in Folie einschlagen und im Kühlschrank 2 Stunden ruhen lassen. Den Teig zwischen einer Folie 3 mm dick ausrollen, mit einem Messer 24 Rechtecke je 2 cm x 8 cm groß ausschneiden und auf einem Backpapier bei 180 °C ca. 5 Minuten backen.

2. Die Mandeln, den Puderzucker und 4 EL Wasser in einer Pfanne bei mittlerer Hitze cremig rühren, bis das Marzipan eine Masse wird und sich vom Pfannenboden löst. In Folie einschlagen und kalt stellen. Das abgekühlte Marzipan mit der Sahne und dem klein geschnittenen Sauerampfer pürieren.

3. Die Sahne aufkochen und kalt stellen. Das Eiweiß mit dem Zucker und einer Prise Salz auf dem Wasserbad cremig aufschlagen. Auf Eis kalt rühren, Sahne und Crème fraîche unterrühren. Die Masse erst kurz vor dem Anrichten in einer Eismaschine gefrieren.

4. Die Äpfel in Form schneiden, in Butter anbraten, den braunen Zucker dazugeben, leicht karamellisieren lassen und mit dem Apfelsaft ablöschen. Die Äpfel im Fond weich garen und den Fond dabei essenzartig einreduzieren.

5. Den Mürbteig mit dem Sauerampfermarzipan bestreichen, darauf die Äpfel geben, daneben eine Kugel Crème-fraîche-Eis setzen und das Eis mit etwas grobem Meersalz bestreuen.

Für 8 Personen

**Mürbteig**
50 g Puderzucker
2 EL Pinienkerne, etwas gehackt
150 g Mehl
100 g Butter

**Sauerampfermarzipan**
150 g fein gemahlene Mandeln
90 g Puderzucker
40 ml Sahne
1 Bund Sauerampfer

**Crème-fraîche-Eis**
400 ml Sahne
2 Eiweiß
60 g Zucker
Salz
200 ml Crème fraîche

6 Äpfel (Elstar)
1 EL Butter
2 EL brauner Zucker
200 ml Apfelsaft
grobes Meersalz

# Nougatpudding
# mit Passionsfrucht

Für 10 Personen

**Nougatpudding**
200 g Nougat
25 g Zartbitter-Kuvertüre
75 ml Milch
6 Eier
30 g Zucker
120 g Butter
90 g Löffelbiskuit
2 TL Kakao
3 kleinere Bananen
Zucker
Butter

200 ml leicht cremig
geschlagene Sahne
10 Passionsfrüchte
Puderzucker

**1.** Den Nougat und die Kuvertüre in warmer Milch auflösen, etwas abkühlen lassen. Die Eier trennen, Eigelb und Zucker schaumig schlagen. Die Butter schaumig rühren und mit der Eigelb-Zucker-Masse vermischen. Die Nougat-Kuvertüre-Milch unterrühren. Die Löffelbiskuits zermahlen und durch ein Sieb geben. Den Kakao ebenfalls durch ein Sieb geben und mit dem Löffelbiskuit zu der Masse geben und unterrühren. Kalt stellen.

**2.** Die Bananen schälen und in Würfel schneiden, das Eiweiß aufschlagen. Die gekühlte Nougatmasse in eine Schüssel geben, die Bananen und den Eischnee unterheben.

**3.** Nun 10 Backförmchen mit ca. 7 cm Durchmesser mit Butter ausstreichen und zuckern. Die Nougatmasse in die Förmchen füllen und im Wasserbad bei 170 °C im Backofen ca. 18 Minuten backen. Der Pudding sollte bei einem Fingerdruck in der Mitte stabil wirken.

**4.** Die Passionsfrüchte halbieren, das Fruchtfleisch herauskratzen und mit Puderzucker abschmecken. In einen tiefen Teller 1 EL Sahne geben, außen herum Passionsfrucht verteilen. Den Nougatpudding auf die Sahne stürzen und sofort servieren.

# Pfeffereis mit Pflaumen

1. Den braunen Zucker karamellisieren, mit Portwein ablöschen und um die Hälfte reduzieren lassen, mit dem Rotwein auffüllen, wieder um die Hälfte reduzieren lassen. Dann ½ l Wasser, Lorbeer, Kardamom und Orangenschale zugeben, alles aufkochen, zur Seite ziehen. Die Pflaumen in den Fond geben und mindestens 1 Tag ziehen lassen.

2. Den Pfeffer waschen, trocknen und leicht anschroten. Die Milch mit der Sahne und mit der Orangen- und Zitronenschale aufkochen und den Pfeffer in die heiße Sahnemischung geben. Den Sud 15 Minuten ziehen lassen und durch ein feines Sieb geben. Die Eigelb mit dem Zucker aufschlagen, die Sahnemischung zugeben und auf einem Wasserbad bei 84 °C dicklich aufschlagen. Die flüssige Vollmilchkuvertüre zugeben und die Masse in der Eismaschine frieren.

3. Den Feta in den Joghurt bröseln und verrühren. Den Karamell, den Kakao und die Oliven vermischen. Die Pflaumen in etwas von dem Einlegefond erwärmen und glasieren. Die Zutaten nebeneinander auf einem flachen Teller dekorieren.

Für 8 Personen
muss am Vortag zubereitet werden

**Pflaumen**
am Vortag vorbereiten
2 EL brauner Zucker
100 ml Portwein
300 ml Rotwein
2 Lorbeerblätter
2 Kardamom
2 Streifen Orangenschale
250 g getrocknete Pflaumen

**Pfeffereis**
50 g schwarzer Pfeffer
500 ml Milch
500 ml Sahne
Orangen-und Zitronenschale
8 Eigelb
130 g Zucker
2 EL Vollmilchkuvertüre

100 ml Joghurt, 3,8 % Fett
30 g Feta-Schafskäse
1 TL gehackter Karamell aus braunem Zucker
1 TL Kakao
1 TL getrocknete und gehackte Oliven
1 TL gehackter Karamell aus braunem Zucker

# Marinierte Birnen mit Kümmeleis

Für 12 Personen

**Butterkaramell**
150 g Zucker
90 ml Milch
90 ml Sahne
2 EL Butter
Prise Salz

**Kümmeleis**
920 ml Sahne
5 TL gemahlener Kümmel
4 Eiweiß
120 g Zucker
175 ml Crème double
70 g Joghurt

**Birnen**
ca. 10 Birnen
1 TL karamellisiertes Meersalz
2 Bund Estragon

1. Den Zucker karamellisieren und mit der Milch ablöschen. Die Milch etwa um ein Drittel einkochen, mit der Sahne auffüllen und wieder um ein Drittel einkochen. Die Butter und eine Prise Salz zugeben. Alles mixen und auf Zimmertemperatur abkühlen lassen.

2. Die Sahne mit dem gemahlenen Kümmel aufkochen, 20 Minuten ziehen lassen, durch ein Sieb geben und wieder abkühlen. Das Eiweiß mit dem Zucker auf einem Wasserbad cremig aufschlagen. Die Kümmelsahne, die Crème double und den Joghurt unter die abgekühlte Eiweißcreme rühren. Das Kümmeleis kurz vor dem Servieren in einer Eismaschine gefrieren.

3. Die Birnen schälen, das Kerngehäuse entfernen. Mit Hilfe eines Ausstechers (ca. 1,5 cm Durchmesser) pro Person 6 Birnenzylinder ausstechen. Die Reste zu Birnensaft verarbeiten. Den Estragon zupfen und fein schneiden. Die Birnenzylinder mit dem Estragon und etwas Puderzucker marinieren.

4. Auf die Mitte der Teller etwas Butterkaramell geben. Um den Karamell etwas Birnensaft verteilen und darauf die Birnenzylinder setzen. Die Birnen mit etwas karamellisiertem Meersalz würzen und auf den Butterkaramell eine Kugel Kümmeleis geben.

# REGISTER

**Impressum**

Andree Köthe & Yves Ollech
2008 © Bibliothek der Köche für die Süddeutsche Zeitung Edition,
Süddeutsche Zeitung GmbH, München

Fotografie: Bernd Grundmann
Texte: Ingo Swoboda
Rezepte: Andree Köthe & Yves Ollech
Art Director: Eberhard Wolf
Grafik: Julia Wolf, Dennis Schmidt
Projektmanagement: Katinka Holupirek
Projektleitung: Dirk Rumberg

Litho: JournalMedia GmbH, München
Herstellung: Hermann Weixler, Luitgard Ludwig
Druck und Bindung: Holzhausen Druck & Medien GmbH, Wien

Printed in Austria
ISBN: 978-3-86615-567-1

# Einfach kochen wie die Besten

Sterneköche für zu Hause

# Alle 20 Bände der **Bibliothek der Köche** auf einen Blick:

DIETER MÜLLER & NILS HENKEL
Bergisches Land, ISBN: 978-3-86615-551-0

JOHANNES KING
Sylt, ISBN: 978-3-86615-552-7

HARALD RÜSSEL
Mosel, ISBN: 978-3-86615-553-4

MARTIN FAUSTER
München, ISBN: 978-3-86615-554-1

MARTIN GÖSCHEL
Frankfurt, ISBN: 978-3-86615-555-8

ALI GÜNGÖRMÜS
Hamburg, ISBN: 978-3-86615-556-5

THOMAS KELLERMANN
Berlin, ISBN: 978-3-86615-557-2

JÖRG GLAUBEN
Pfalz, ISBN: 978-3-86615-558-9

ERIC MENCHON
Köln, ISBN: 978-3-86615-559-6

ALEXANDER HERRMANN
Oberfranken, ISBN: 978-3-86615-560-2

FRANK BUCHHOLZ
Rhein-Main, ISBN: 978-3-86615-561-9

TILLMANN HAHN
Mecklenburger Bucht, ISBN: 978-3-86615-562-6

PETER MARIA SCHNURR
Sachsen, ISBN: 978-3-86615-563-3

BERNHARD DIERS
Stuttgart, ISBN: 978-3-86615-564-0

MICHAEL FELL
Oberbayern, ISBN: 978-3-86615-565-7

THOMAS BÜHNER
Osnabrücker Land, ISBN: 978-3-86615-566-4

ANDREE KÖTHE & YVES OLLECH
Mittelfranken, ISBN: 978-3-86615-567-1

KARL-EMIL KUNTZ
Mittlerer Oberrhein, ISBN: 978-3-86615-568-8

ACHIM SCHWEKENDIEK
Weserbergland, ISBN: 978-3-86615-569-5

JOHANN LAFER
Hunsrück, ISBN: 978-3-86615-570-1

---

Jeder Einzelband der Bibliothek der Köche ist erhältlich **für 14,95 Euro**, die komplette Bibliothek der Köche
für **nur 11,– Euro pro Band** (220,– Euro statt 299,– Euro bei Abnahme aller 20 Bände)

im Internet unter **www.sz-shop.de**
oder per Telefon unter **01805–262167** (0,14 Euro/Min. aus dem dt. Festnetz, abweichender Mobilfunktarif möglich.)

*Bei Bestellung der Gesamtedition 220,– € für alle 20 Bände, das sind nur 11,– € pro Buch; bei Kauf von Einzelbänden je 14,95 €. Sie sparen 79,– € gegenüber dem Kauf von Einzelbänden.

## Ihre Vorteile:

1. **Sie sparen 79,– €** gegenüber dem Einzelkauf und zahlen nur 11,– €* pro Band.

2. **Einfache Lieferung** – Sie erhalten automatisch alle vier Wochen zwei neue Bände bequem zu sich nach Hause. Ab August 2008 erhalten Sie alle Bände in einer Lieferung.

3. **Keine Versandkosten** – alle Lieferungen sind garantiert versandkostenfrei.

4. **Kein Risiko** – Sie können Ihre Bestellung jederzeit ohne Angabe von Gründen beenden. Einfache Rücksendung der Ware oder Mitteilung an den Verlag genügt.

SüddeutscheZeitung **Shop**

## **Weine,** die berühren.

Betreten Sie neues Weinland:
eine Entdeckungsreise in die Welt
herausragender Weine – zusammengestellt
von ausgewiesenen Weinkennern
für die SüddeutscheZeitung.

Bestellen Sie unter 01805 –45 59 06*
oder im Internet unter www.sz-vinothek.de,
wo Sie detaillierte Informationen
zu allen Weinen erhalten.

(* 0,14 Euro /Min. aus dem dt. Festnetz, abweichender Mobilfunktarif möglich.)